超越内卷

大周期下的企业战略选择

施 炜——著

机械工业出版社
CHINA MACHINE PRESS

图书在版编目（CIP）数据

超越内卷：大周期下的企业战略选择 / 施炜著 .
北京：机械工业出版社，2025.10（2025.11 重印）.
ISBN 978-7-111-79080-8

I. F272.1
中国国家版本馆 CIP 数据核字第 2025T3R845 号

机械工业出版社（北京市百万庄大街 22 号　邮政编码 100037）
策划编辑：李文静　　　　　　　　　责任编辑：李文静　孙　旸
责任校对：张勤思　王小童　景　飞　责任印制：邓　博
天津嘉恒印务有限公司印刷
2025 年 11 月第 1 版第 2 次印刷
147mm × 210mm · 8.125 印张 · 3 插页 · 147 千字
标准书号：ISBN 978-7-111-79080-8
定价：89.00 元

电话服务　　　　　　　　网络服务
客服电话：010-88361066　　机　工　官　网：www.cmpbook.com
　　　　　010-88379833　　机　工　官　博：weibo.com/cmp1952
　　　　　010-68326294　　金　书　网：www.golden-book.com
封底无防伪标均为盗版　　机工教育服务网：www.cmpedu.com

PREFACE ▶ **前言**

应对未来压力的经营法则

　　这本书是写给企业创始人、企业领导者、企业高管以及立志于创业的朋友看的。这个群体（即广泛意义上的企业家群体）近年来正面对内外部因素交织造成的巨大压力，部分人产生了焦虑、不安和疑惑。本书在一定程度上是对这些认知和情绪的回应。不同企业面临的挑战千差万别，笔者不可能提供普遍适用的解决方案，也不可能虚妄地宣称有什么灵丹妙药。本书是笔者与部分伙伴企业在"同呼吸、共命运"的合作过程中的智慧结晶。笔者从企业矛盾和问题出发，怀着同理和共情之心，提出了企业应对压力和挑战、突破增长边界、提升竞争能力、实现永续经营的理念、原则以及路径、方法。它们未必有效，但一定具有实践的质感；它们未必新颖，但是力求对症的实用药方；它们未必详尽，但提供了作者、读者可以进一步交流的基础性框架。

把全书的内容揉碎重组，笔者概括了企业及企业家应对未来压力的8个原则：当下即未来，生存即发展，创新即优势，能力即机会，全球即本土，进化即成长，认知即价值，信念即前途。

当下即未来

我和一些企业家朋友见面时，他们常常会问及未来会发生什么变化。其实，结合当下的社会、经济、技术、政治等因素，我们已经可以觉察出未来的趋势和走向。换句话说，未来已来，未来已经蕴含在当下的环境变量之中。尤其是2024年底到2025年初这段时间，人工智能的突破性发展、人形机器人的惊艳登场，以及国际秩序、国际关系格局的变化，使世界百年未有之大变局从遥远的概念变成了我们真切的感受和实实在在的利益得失。我把未来环境动态演变的态势概括为五重周期的叠加：新的技术长波，全球供应链重组以及国际关系、地缘政治变化，中国经济增长方式转型，互联网对产业的渗透和影响，与现代化有关的社会文化变革。多条激流汇聚成奔涌的巨浪："大周期"到来了。

有一位老作家在总结数十年人生经历时，曾悲喜交集地写下"生逢其时"4个字。其实，这几个字也适用于在新时代成长起来的企业和企业家。我们经历、参与、见证了中国波澜壮阔的工业化、城市化进程，我们分享了中国市场规模扩大以及深度参与全球分工所带来的巨大时代红利，我们即将驶进风高浪急、流向多变的新航道。在此时间节点上，我们不能怀疑已经确定了的未来，不能期待环境会朝合乎自己愿望的方向好转，对于长期困难不能有侥幸心理，而需要以理性、沉着、冷静的态度应对意料到的以及意料不到的压力和挑战，以巨大的勇气克服前行路上的诸多阻碍。

生存即发展

面对困难的环境，企业需将生存作为首要任务。只要生存下来，未来则有可能获得新的机会。进而言之，在许多传统产业内部整合以及内卷式竞争加剧的形势下，能够生存下来的"剩者"，往往是竞争中的"胜者"。

将生存作为首要任务，需要我们收敛发展的雄心，改变对经营规模目标的偏好。一些在过去几十年顺风顺水环境下成长起来的企业，习惯于将"做大"放在优先位置。其原因包括企业持有的大赌大赢、零和博弈的经营理念，成功企业的示范作用（许多传统产业领域出现了一批体现规模经济的头部企业），以及非理性的跟风、投机冲动和战略性懒惰的作风。在存量竞争时代，为了实现永续经营，需追求价值目标——既创造顾客价值，也创造企业价值。从财务视角看，即保持一定的附加值水平;从增长模式视角看,即从外延性资源(主要指资金、土地和人员)驱动转变为技术驱动、管理驱动,走内涵式高质量发展道路;从顾客价值视角看,则是为顾客提供合乎其需求的、以产品(服务)为载体的高价值(顾客获得和顾客代价之比)解决方案。

生存为要,需遵循两个战略理念。一是聚焦。尤其对中小型企业来说,当下几乎没有什么战略理念比聚焦更重要了。聚焦于细分市场,聚焦于核心价值,聚焦于价值创造的关键环节……这是未来生存的必要条件。二是压强。需把有限的宝贵资源(主要是人才和知识)集中投向战略性机会点以及与聚焦战略理念相一致的对象。这是未来生存的充分条件。"聚焦+压强"战略理念,是形成核心专长和价值优势的不二法门。

发展永无止境,发展绝不发疯——这是大型民营上市公司金田铜业创始人楼国强的经营哲学。面对"内卷式"竞争,欲求生存,需平衡发展和风险之间的关系,摒弃毕其功于一役的理念,考量企业成长的外部条件和内部限制因素。目前,有的行业总体产能超过了市场需求数倍甚至更多,这就是行业内部分企业"发疯"的结果。

创新即优势

存量市场环境下,沿着既定的老路、循守过往的旧规、依赖从前的经验,是不可能跳出内卷、超越竞争的。竞争越是激烈，企业就越是要创新。只有创新，才能形成和保持优势。一切创新的目的在于为顾客创造极致价值。极致的标志是产品（服务）价值密度最大化。从动态来看，极致价值是指价值在某些维度上尽善尽美；从竞争角度看，极致价值是指价值远高于市场平均线。

创新通常在四个领域内进行：第一是机会领域。在存量竞争和"内卷式"竞争环境下，创造市场机会和增长空间。这意味着，市场机会和增长空间并不仅仅是我们被动接受的外部变量，也是我们创造出来的内部因素。第二是价值领域，包括产品（服务）价值创新、价值生成机制（价值流）创新、价值实现方式（商业模式）创新，还包括范围更加广阔的价值网络及产业生态创新。第三是资源领域，包括核心资源（如技术、人才、数据及知识等）的开发、整合方式的创新，以及资源利用方式（内部共享、赋能）的创新。第四是组织领域。战略领域的创新需要组织领域的创新与之匹配。后者包括组织架构的创新、运行流程的创新以及责权利机制的创新，还包括组织文化的创新——营造包容、平等、尊重、自主的文化环境。组织领域的创新是一切创新的前提和保证。

企业创新的关键是人——企业家及各类别、各层级的创新人才。人创造了创新的土壤（创新型组织），又依赖土壤产生了创新成果。而人的创新能力，其中的关键元素是创新的心智：追求、态度、意志、信念以及创新思维。这是企业家精神和素质的集中体现。就创新思维而言，其主要特征是：第一，破界。打破原有的事物边界，跳出既定的认知结构，从更宽阔和更广泛联系的角度思考问题。第二，升维。分析问题时，增加维度和变量，从更高的层次看清事物的真实面貌。第三，归零。清除认知上固有的前提和习惯，避免路径依赖，以空的状态实现明心见性。

能力即机会

有一首流传甚广的歌曲，名叫《风中有朵雨做的云》。借用这个歌名，我们可以说，市场机会就是"雨做的云"。过往几十年，绝大多数企业的战略逻辑是由外而内的机会导向（这并不等同于机会主义）：不断寻找、追逐雨做的云，修筑一个池子，将云化作地上的水。"池子"就是能力，"水"就是成果——既包括收入、利润等经营业绩指标，也包括顾客、品牌、渠道、供应链、技术、数据等未来经营的基础性要素。这种战略逻辑在企业战略管理理论中被称为"定位学派"。

目前，在传统领域，市场机会显然越来越少。而在与新的技术长波和新的工业革命相关的领域，虽然新的机会不断涌现，但对绝大多数缺乏能力（尤其是技术能力）的企业来说，它们是遥不可及的、没有实际意义。而有能力基础的企业，不仅能发现、辨识、获得新的机会，而且还能创造机会。未来，企业战略逻辑需从由外而内为主转向由内而外为主。简单地说，企业在未来的市场和产业环境中，有能力，就有机会；没有能力，就没有机会。

我们这里所说的能力，是企业整体性的组织能力。它只有通过市场竞争才能辨别和体现；它是结构性的，应由多个要素、环节组合而成；它是动态的，需随着环境变化而演进——没有任何一个企业的能力是绝对的、一劳永逸的。

企业整体性的组织能力可以分解为若干类资源或资本，包括：企业的社会资源——顾客资源、渠道资源、供应链资源、政府资源、公众认知资源、媒体资源等；企业的客观资源——作为开发对象的土地、资金、技术和知识、数据、历史文化遗产等；企业的人力资源——这是企业所有资源中最重要的主体性、能动性资源，包括专业人才资源、管理人才资源、企业家资源以及蕴含在人身上的隐性知识资源和领导力资源；企业的结构资源，也称组织资本，是指将其他所有资源整合起来的软性资源以及无形资源，包括组织架构、运行流程、组织机制、企业文化等。以上各种资源的组合，是我们进行组织能力建设的索引。由此也可得出结论：组织能力建设是一项对多个要素进行关联性、协同性开发的系统工程。

全球即本土

在未来相当长的时间内，国际化是我国许多企业的重要战略主题之一。国际化不仅仅是为了被动顺应"逆全球化"以及供应链重组的趋势，同时也是企业发展到一定阶段的内在要求。中国企业经过创业阶段、机会成长阶段，进入系统成长阶段之后，在能力及核心专长开发、积累的基础上，在全球范围内开发市场、构建价值链、优化产业链分工，就成为一种必然选择。这是国际产业巨头早就走过的道路。日本的丰田汽车、松下电器，韩国的三星电子等企业，早在20世纪六七十年代就开始了国际化动作。从宏观角度看，中国制造增加值约占全球1/3的份额，虽然在少数高精尖领域和一些发达国家相比还有一定的差距，但基础工业以及与之相关的基建、制造服务产业优势显著。在现代化——这里主要指工业化——的潮流中，助力众多后发国家的工业化及城市化进程，是中国制造企业的机会，也是在践行人类命运共同体理念。

数十年来，中国企业的国际化经历了"第一季"和"第二季"，目前进入了"第三季"。"第一季"的主要内容是中国企业以OEM（Original Equipment Manufacturer，原始设备制造商，俗称代工）和ODM（Original Design Manufacturer，原始设计制造商，俗称贴牌）的方式为主进行加工贸易；"第二季"的主要内容是中国本土制造的产品以自有品牌形态在全球市场销售；而"第三季"的主要内容则是中国企业在全球范围内布局研发、制造、销售各价值链环节，构建从原料到加工再到市场的内部一体化体系以及外部分工协作体系。在此背景下，中国企业的国际化模式可以用两个字来概括——生根。

生根模式是指中国企业经过长期努力,在海外扎下根来,持续开花结果。这一模式不仅意味着企业经营方式的国际化,而且意味着组织和人员的国际化。中国企业的国际化是一项长期、系统的工程。就步骤而言,首先要派出种子选手,长期驻扎海外,融入当地,拓展人脉和社交网络,了解当地的法规政策、文化习俗、风土人情,同时探索开展当地业务的途径和模式。在此基础上,组建团队(国内外派和当地招聘相结合),扩张和复制经试验证明可行的模式;组织建设与业务拓展同步,打造文化统一的能打胜仗的团队。

下面对读者朋友可能关心的三个具体问题进行说明:第一,什么样的人适合做种子选手?种子选手基本上是未来海外区域机构的负责人,对于国际化进程是否顺利关系甚大。最好选派由企业内部培养的,在国内做出业绩的,适应性、学习力强的优秀管理人才。如果企业内部缺乏这样的成熟人才,可以选派能吃苦、善沟通、爱学习的学生兵。被选派者的人格因素,如决心,勇气,长期奋斗、坚韧不拔的精神,对组织的投入程度等,是"种子"能否生根的关键。第二,海外区域机构以国内外派人员为主,还是以当地招聘的人员为主?基于国内企业的管理特点,在相当长的时间内,建议以外派人员为主(他们可以轮换),当地招聘的外籍人员以及海外留学人员为辅。只有这样才能保持主流文化,减少内部管理成本,提高成功可能性。第三,对于海外区域机构,如何进行跨文化管理?一方面要增强文化的包容性和适应性,充分考虑当地的文化背景、环境以及当地员工的文化特质；另一方面需遵循文化的普遍性，以普遍适用的原则应对人性。同时，也要坚定文化自信，用中国企业的优秀文化感染、熏陶、影响当地员工。而做这方面的工作，要有耐心，也要有方法：合乎人性，因势利导，润物无声，长期积累。

进化即成长

超越内卷，需要我们以长期眼光和长期行为在动态竞争中跬步千里。从超长期的连续视角看，企业成长等同于企业进化。从逻辑上说，企业不进化就不能成长。

企业进化意指企业在与环境的互动中，为了适应环境、永续存活，找到适合自身生存和发展的空间（生态位），发育特有专长，改善自身的结构性机能，在生态竞争中不被淘汰。从大的周期看，企业进化的过程是企业变革的过程；是面对新的挑战，做出新的战略和文化选择的过程；是企业渐变和突变交替发生的过程。

企业进化有一个重要原理——这是笔者基于生物进化规律提出来的：起点并不重要，关键是要动起来。只要一直走在进化的轨道上，在长期竞争中就一定能超越一个个对手，达到超越竞争的境界。对于我国后发的科技型、创新型企业，本书提供了一个简明的企业进化算法（即模型和逻辑）。这些企业只要践行这套算法，就有可能在自主创新方面取得较大进展，因为它源于华为、汇川技术等企业的最佳实践。

在企业进化算法中，业务领域的选择是进化的前提。也就是说，企业选择了市场和产业领域，即确定自身属于什么"物种"（业务定义）之后，基于特定业务的企业进化即告起始。按照顾客价值导向和牵引原则，企业进化的起点是顾客价值增量，即现有顾客价值基础上的价值递进和变化。以增量为进化起点具有动态意味。进化的基本方式是迭代——重复反馈，包含价值增量的新价值替代原有价值。在迭代过程中，顾客价值及价值增量来源于资源密度以及资源密度增量。所有资源中，最核心的是人力资源。而人力资源的密度主要体现为人的认知密度和行为密度。在进化的同时，企业领导者需考虑竞争环境，所有的价值增量必须有竞争基准、竞争意味，必须在竞争背景下实现。因此，竞争方式（即生存方式）和资源密度一样，是企业进化的重要元素。在企业运营过程中，为了干预进化，企业领导者可以调控财务、管理参数，通过参数选择以及参数数值调整，提高企业的业绩和效率，培育核心专长，推动企业进化。而当下，对企业进化进行的一项重要工作是实现企业价值创造的数字化。这将改变企业生存和发展的方式以及组织形态和结构。

企业进化不仅发生在战略层面，也发生在与战略相关、支持战略的组织层面。驱动企业进化的组织机制主要有两个：一是学习机制。通过学习，组织不断增强能力。学习的成果是模型、模板，它们可复制、可共享、可延续。二是负熵机制，即增强组织活力的机制，具体包括反复杂机制、反僵化机制、反腐败机制和反失范机制。在组织层面，对企业进化起引领和约束作用的机制是文化和领导。文化是企业进化的方向、底线、保证和基石。而领导则是影响企业进化诸多因素中最重要的因素，甚至可以说是决定性因素。

认知即价值

在所有管理行为中，最重要的行为是决策。因此，在管理学中，有管理就是决策的说法。企业决策——尤其是重大战略性决策——决定了企业的兴衰成败。而决策正确的基础和前提是认知正确。错误的认知，导致错误的决策；错误的决策，导致错误的结果——既不能创造顾客价值，也不能创造企业价值。由此可以得出结论：价值是认知的函数。

对企业领导者（决策者）来说，正确的认知取决于三个因素：一是信息背景；二是认知模型；三是具体场景（情境）。就信息背景而言，企业决策者需避免陷入信息茧房，要为自己构建广阔的信息背景、开发多重信息来源；同时，能够接触、掌握一手的真实信息。就认知模型而言，它们是对普遍规律和普遍适用方法的提炼，企业决策者需通过学习加以理解和掌握，并在实践中运用。模型是分类分层的，对应不同的问题以及问题的不同层次。企业各层级的决策者，在长期实践中，可以总结经验、举一反三，概括出相关模型。就具体场景（情境）而言，它们是决策时普遍原理需结合的特殊背景，是决策时所涉问题的缘由、条件以及相关因素。欲把握具体场景，企业领导者需走进一线，融入基层团队，具备基于同理心的观察力和分析力。

提升认知水平的有效途径是不断提升自己的认知密度。通俗地说，就是想得深、想得细、想得透。想得深，意味着层层递进、层层追因、层层溯源，抵达本质；想得细，意味着增加维度、细化粒度、关注关键细节；想得透，意味着在众多变量中，找到关键变量，建立起真实、准确的函数关系。

认知是可以训练的。多读书，多琢磨，形成思考和分析的习惯，久而久之就会功力大长，从而进入明心见性、游刃有余的自由王国。认知是没有边界的，需在实践过程中不断超越以往的经验、习惯，跳出不能适应未来的知识框架。

信念即前途

信念是企业创始人、企业领导者对理想、愿景、使命矢志不渝的追求，是对核心价值理念、方针、原则坚定不移的遵循。面对未来诸多挑战，信念决定心力，它是我们克服困难、长期成长的第一驱动力。信念为我们指明方向，信念为我们扬起风帆，信念为我们开辟道路。有信念，就有前途和未来！

信念来源于爱。爱国家，爱顾客，爱伙伴，爱企业（品牌），爱团队，爱哺育我们的这片土地。

信念来源于责任。企业是社会公器，既承担企业责任，也承担社会责任。责任如山，唯有坚定前行。这并不意味着被动承压，而是一种发自内心的理性选择。

信念来源于信任。信任国家，信任社会，信任顾客，信任伙伴，信任团队。信任带来凝聚力。企业有了基于信任的合作，就很难被击垮。

信念来源于信心。中国企业经过几十年的发展，已经找到了既符合普遍规律又具有自身特色的成长之路和组织模式。尤其在组织建设方面，以华为为标杆的企业已显现出全球范围内的领先性和活力优势。从微观角度看，相信自己、相信团队、相信企业。从宏观角度看，相信政策，相信天下大势。

最后，重温一遍人们耳熟能详的一段话："我们的同志在困难的时候，要看到成绩，要看到光明，要提高我们的勇气。"

CONTENTS ▶ 目录

前言　应对未来压力的经营法则

第一章　穿越周期的企业未来成长方向　　001

　　一、五重周期叠加　　002
　　二、内卷的背景：主要环境变量　　010
　　三、企业成长的内在制约　　013
　　四、中国经济的优势因素　　018
　　五、未来的市场机会　　020
　　六、与 AI 相关的机会　　022
　　七、一心开二门：企业家的 3 张地图　　025
　　八、战略和组织之间的桥梁　　028
　　九、新的心智地图　　033
　　十、新的战略地图　　035

十一、新的组织地图　　　　　　　　　　043
　　十二、有关企业未来成长的若干建议　　　054

第二章　企业战略转型路线图　　　　　　069
　　一、企业战略转型的方向　　　　　　　070
　　二、跃迁：从机会成长到系统成长　　　079
　　三、企业战略转型的关键　　　　　　　088

第三章　以创新突破增长　　　　　　　　097
　　一、产品价值创新　　　　　　　　　　098
　　二、商业模式创新　　　　　　　　　　113
　　三、现有业务需求空间创新　　　　　　125
　　四、多元业务扩张　　　　　　　　　　132
　　五、面向未来的创新　　　　　　　　　145

第四章　企业进化的算法　　　　　　　　151
　　一、企业进化理念　　　　　　　　　　152
　　二、企业进化原理　　　　　　　　　　155
　　三、企业进化长期地图：算法和逻辑　　169
　　四、企业进化的前提：业务属性　　　　170
　　五、企业进化的起点：价值增量　　　　173
　　六、企业进化的基本方式：迭代改进　　177
　　七、企业进化中的顾客价值来源：资源密度　181
　　八、企业进化的求存策略：竞争方式　　185

九、企业进化的调节控制：参数　　　　　　　188
十、企业进化中的形态升级：数字化　　　　　190
十一、企业进化的学习机制：模型、模板　　　193
十二、企业进化的组织活力机制：负熵　　　　197
十三、企业进化的关键因素：领导　　　　　　199
十四、企业进化的内在约束：组织文化　　　　201
十五、企业进化算法的结构　　　　　　　　　202

第五章　企业领导者的自我超越　　　　　205

一、领导力模型　　　　　　　　　　　　　　206
二、标准领导力　　　　　　　　　　　　　　219
三、企业领导者的关键领导力：识人　　　　　226
四、企业领导者的五重超越　　　　　　　　　232

后记　　　　　　　　　　　　　　　　　　237

参考文献　　　　　　　　　　　　　　　　239

第一章

穿越周期的企业未来成长方向

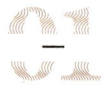

五重周期叠加

从长期视角看,我国企业正面临多维度、多变量的周期性变化。或者说,当今世界正在经历百年未有之大变局。这种变局体现为多重周期的叠加,它们相互关联、相互交织、相互影响。多条激流汇聚成奔涌的浪潮——"大周期"到来了!

多重周期叠加,虽然也会催生新的机会,但带给我国企业(尤其是民营企业)的,更多的是压力和挑战。企业是时代的见证和产物,是时代潮流里的扁舟。在时代潮流拐弯的节点上,企业家能不慎乎!下面我将展开分析五个关键周期,探讨这些周期如何深刻影响我国企业的生存与发展。

第一个周期:新的技术长波

新的技术及产业革命通常表现为一个长达 50~60 年的周期,经济学上称其为技术长波。目前学界普遍认为,新的技术长波以及与之相关的产业革命已经开始。新的技术及产业革命，其主要内涵是人工智能、新能源以及生物工程等领域的重大突破。尤其是人工智能技术，将对人类生产方式、生活方式以及精神世界产生本质性、结构性的重大影响。

在这场超长周期的博弈中，新的生产力以及代表新生产力的企业会崛起，而旧的生产力及其载体（企业）将会被历史淘汰。在新的技术革命浪潮面前，华为这样的技术领先型企业相对而言比较从容，虽然感受到压力，但可以强者身份、以部分重要领域领先者身份积极致力于技术开发和进步。但对大部分缺乏技术基础、长期跟随的企业来说，在人工智能等技术飞速发展的时代背景下，它们所面临的考验要严峻得多。一些如雷贯耳的大企业，实际上大而不强，很可能会在技术竞争的道路上轰然倒下。大企业尚且如此，人才、资金、管理、技术等均逊色得多的中小企业的前途就更令人担忧了。大多数企业实际上命悬一线。企业如果不奋进突围，不能汇入新技术革命的大潮，就会连驶上航道的机会都没有，只能望洋兴叹！

当前，我们正处于两次（或两轮）技术长波的交替期。上一轮技术长波（信息革命）的能量已基本耗尽，而新的技术长波的能量刚刚开始释放。交替期往往是最危险的时期，旧的生产力及其所衍生的财富、机会正在消失，而新的生产力尚未创造出支撑社会共同富裕的成果。因此，全社会不同人群相对地位的变化、财富分配差距的扩大以及社会结构的剧烈调整，有可能成为大概率事件。

第二个周期：全球供应链重组以及国际关系、地缘政治变化

目前，"逆全球化"带来的全球供应链重组已经拉开序幕，未来若干年内将会加快进行。全球供应链分工有可能从基于比较优势的大分工变成基于国家利益和新的规则体系的小分工，国际经济大循环有可能变成一定区域范围内的小循环。随着人口红利减少，劳动力成本上升，有些劳动密集型产业会从我国迁移到东南亚等劳动力成本洼地，这是正常的产业转移。但是，国与国之间遏制与反遏制的竞争——表现为包括设置关税壁垒在内的多种贸易及投资障碍，对全球供应链布局和结构产生了重大影响。对国内企业来说，出海及全球价值链布局有时是无奈和被迫的选择。不出海，增长会受到制约；出海，则面临多种不确定性以及不可承受之风险。

伴随着全球供应链重组，国际市场环境阴晴不定，全球经济结构以及国际关系、地缘政治处于不稳定的变化状态。供应链重组是国际关系变化的表象，其背后是不同国家以及国家联盟之间利益、意识形态的冲突。供应链的生成、展开抑或消解、完结，都会带来国际秩序的重建以及新的地缘政治格局。美国总统特朗普就任之后，做出了签署行政令对贸

易伙伴征收"对等关税"等动作。外贸需求的下降对许多以出口为主的中国制造企业影响较大。我们甚至有理由推断：WTO（世界贸易组织）规则下的全球市场红利不复存在。针对特朗普的"对等关税"政策，有评论者认为，特朗普的意图就是要终结全球化时代。全球经济又一个令人不安的混沌时代来临了。

在全球政治经济格局大变动的背景下，我国企业的后发优势和模仿型学习曲线或许还能存在一段时间，但终不可持续。面对"断供"等非正常手段，部分企业发展遭遇硬制约。

第三个周期：中国经济增长方式转型

随着国内人口出生率下降、人口结构老龄化程度加深，以及工业化、城市化进入中后期，中国经济增长方式正从规模化发展向高质量发展转变。

过去几十年，国内市场需求和国际市场需求始终处于膨胀、放大的状态。企业有两种主流成长模式。其一，在一个有14亿人的大市场上找到机会，并把机会转变为收益。因此，在家电、通信、日用品、食品领域，都出现了百亿级、千亿级的巨头。其二，中国加入WTO之后，随着国外的产业转移，利用劳动力的成本、数量优势，成为世界工厂的一分子，为全球顾客提供价廉物美的产品。

这样的机遇千载难逢，现在基本上不存在了。就国内市场而言，出于人口老龄化加剧、主流消费品渗透率趋于饱和等原因，消费需求在下降，市场容量的增长越来越小（甚至呈零增长和负增长）。与消费需求相关互联的工业中间产品需求显然也会随之减少。就国际市场而言，全球供应链发生重组，意味着国际需求的结构性调整。与需求不足相对应，我国很多领域产能过剩，一些传统行业"消化库存、压缩供给"将会延续较长时间。总的来说，大部分行业总量性机会消失，但结构性机会依然存在。这是国内许多产业"内卷式"竞争的缘由。

经济增长方式转型既是宏观经济的主题，也是微观企业自身发展的内在要求。但实现这种战略意图，过程漫长、曲折、艰辛。在这一过程中，非长期战略导向的企业、能力不足的企业、治理结构有缺陷的企业，将会被淘汰。

第四个周期：互联网对产业的渗透和影响

互联网的兴起，对大多数传统企业来说是一个很大的冲击，而不是什么机遇。互联网商业模式大多是模仿国外、从国外导入的，对其技术基础、运行方式、功能效应等，传统企业是陌生的。互联网和商业模式创新结合在一起，对传统行业造成了重大的影响。而新的互联网商业模式的背后，又有来自资本市场的雄厚资本的支持。在资本以及资本市场的扶持下，互联网企业可以长期不赢利，可以"负利润"抢占市场份额和客户流量（资源）。传统企业的经营方式无法与之抗衡，很容易被互联网商业模式及其背后的竞争主体所超越。

互联网生态中，存在线上、线下多种场景，渠道、媒体呈现出碎片化结构。一方面，企业在多场景内立体连接顾客的难度越来越大，获客成本越来越高；另一方面，多中心、分布式的供应链（由众多小型供应商组成）和渠道、媒体链（抖音直播等众多自媒体及零售终端）相结合，瓦解了长期存在的商业模式（大规模制造＋大规模分销），不断蚕食依赖这一商业模式的企业的空间。而渠道、媒体一体化（一些互联网连接平台和界面既是媒体，又是渠道），使产品和服务的营销模式迥然不同于以往以渠道为中心的营销组合。这为一些定位于细分市场和利基市场的企业，通过粉丝营销获得市场份额提供了机会和条件。

近来，随着算力的增长、云服务软件的完善，人工智能进一步融入互联网，其文本生成，知识复制、挖掘和整合，以及分析推理等功能越来越强大。具备适应性、自主性和交互能力的智能体（agent）不断学习、进化，其适用范围持续扩展，应用场景趋于多样，作用方式更加快捷、准确和智能。有人预言，智能体将会在一定程度上消解互联网领域的垄断性平台。这些都刚刚开始，人们还无法知道未来会发生什么，只能说一句：一切皆有可能。

第五个周期：与现代化相关的社会文化变革

世界百年未有之大变局，除了涉及经济结构，更多的还是与社会文化结构有关。从全球角度看，现代化仍然在路上。有的国家，是从前现代化进入现代化；有的是从后现代化返回现代化；有的正在从现代化的初级阶段迈向高级阶段。对发展中国家来说，无论距离现代化多么遥远，大部分正在努力跨进现代化的边界。对发达国家而言，沉浸于现代化成果中久矣，很多国家患上了"福利病"，在生产力发展和财富创造的路上逐渐落后。这些发达国家虽然在少数领域依然领先，但终将被后发追赶者超越，前者或许需要重新塑造现代性、重建现代化。而现代化体系内部也存在不同的演进路线，在未来相当长的时间内，它们之间存在竞争。在现代化秩序扩展过程中，各个国家都会做出选择，或许路线不同，但社会文化转型——无论方向、属性、特征如何——是共同的趋势和主题。在现代化转型过程中，相关国家之间的冲突、国家内部的社会文化撕裂有可能加剧，各种不确定性亦会增加。对企业来说，外部社会性风险将持续存在，且具有"三大"（随机性大、变化速率大、影响程度大）的特征。

在上述周期性变化的多重变量中，新技术和互联网具有生产力属性，在社会系统中处于基础层面，在社会变迁中起决定性作用。社会文化因素决定社会规则和体制，它和生产力因素相互作用、相互影响。这三个变量的作用范围是全球性的，作用时间是长期的。中国经济变量和供应链重组变量受前面三个基础变量的影响、作用和约束，反映全球国与国的竞争以及背后的规则、秩序设定。未来很长一段时间内，五个变量会动态变化（五重周期叠加），有可能输出三个结果：

第一，全球范围内的生产力体系重新布局，与此相对应，国家力量此消彼长，形成新的"领先——跟随"结构。与这一结果相伴，会不会出现热战抑或冷战，这是人们普遍担心的。这取决于几个大国之间的竞争、合作关系如何演变。

第二，以美元为中心的国际货币体系改变。美元充当世界货币，固然能获得铸币税利益，但也已经导致制造业空心化。铸币税目标、制造业收益目标以及国际收入平衡目标三者难以兼得。从全球范围看，国家货币、世界货币一体化，既不稳定（金融风险较大），也不公允（美元潮汐影响世界经济）。国际贸易发展客观上要求全球货币体系改革。可以预见，以中国制造为基础的人民币在全球经济中的地位将会显著提升。此外，超越国家的数字货币能否产生并真正流通，人们拭目以待。

第三，新的国际经贸规则和秩序产生。经过一段混沌时期之后，我们相信人类社会能够建立新的分工原则和交换/贸易机制。全球产业垂直分工结构将逐步改变,中国这样的新兴经济体不可能永远固化在低端产业;同时,超越国家的经济联盟体将会重组并具有更加强大的功能;新的交易规则将在长期、重复的博弈中成型。

上述结论如图1-1所示。

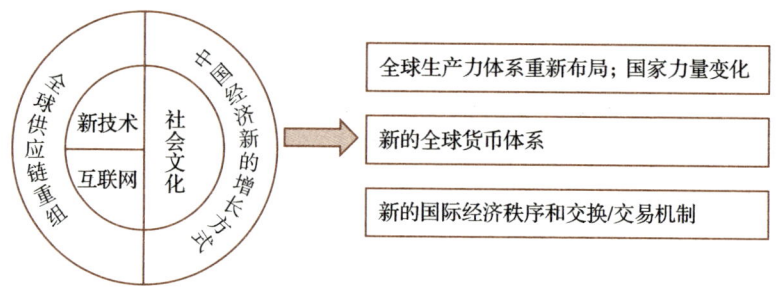

图1-1 五重周期叠加对未来的影响

二

内卷的背景:主要环境变量

换个角度,我们对上面所说五重周期所涉及的相关因素进行归类,以便发现主要的环境变量(见图1-2)。

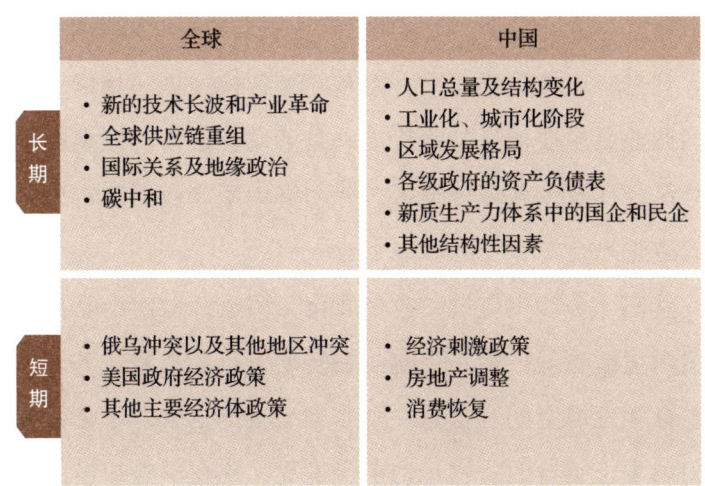

图 1-2 影响我国企业成长的主要环境变量

图 1-2 从时间维度和空间维度对环境变量进行分类：从时间维度看，分为长期变量和短期变量；从空间维度看，可以分为全球变量和中国变量。需要说明一下，这里的短期和长期不是一两年和七八年之间的区别。连续发生变化，似乎看不到尽头的就是长期变量；不管多长时间，总有一天会结束的，就是短期变量。

基于对图 1-2 中变量的分析，我们可以推断出中国企业面临的诸多挑战和难题。它们是许多企业陷入"内卷式"竞争的原因。

其一，许多领域的市场总需求下降，市场增量减少或不复存在。市场变成存量市场。

其二，传统产业产能过剩：产业整合和产业出清加剧。

其三，比较优势流失，原有的经营模式无法持续。过去我国产业最主要的比较优势之一是劳动力成本，但现在这一优势已经不及东南亚等地区；劳动密集型产业面临转型升级的战略任务。

其四，全球供应链"逆全球化"调整，迫使企业在全球范围内重新布局产能。企业面临转型升级的战略任务，需转移生存和发展空间。这是一个非常痛苦的过程。原来，我们把中国本土制造的货物运到了全世界，现在形势却逼迫我们在全球范围内复制"中国制造"。

其五，国际冲突影响全球金融、物流体系；航线安全、金融保障等受到局部战争影响。美国政府的关税政策加大了全球经济的不确定性。

其六，互联网发展消解规模经济。对许多传统产业的领先企业来说，这是一个非常大的难题。第三次工业革命最主要的成果就是规模经济。而现在，各种网红和直播渠道、小型供应链兴起，正在瓦解原有的商业模式。

其七，技术加速进步，新兴产业和传统产业出现技术鸿沟。时代的列车从不为谁停留。借用歌词，这张旧船票能否登上你的客船？

其八，转型期的社会文化环境与背景。不同人群的观念、认知差异乃至撕裂，影响企业内部文化统一和共识达成。不时出现的网络风暴所体现的暴戾之气,不仅影响企业品牌塑造等经营活动,而且会影响企业家的信心。在收入分配差距较大的情况下,当下企业家(尤其是民营企业家)常常感到社会情绪的压力。

三
企业成长的内在制约

部分企业增长失速、利润下降、发展受阻,深层次的内部原因主要有:

一是能力约束。缺少技术专长和竞争壁垒,导致产品(服务)附加值低,交易条件恶化——销售价格下行、回款账期拉长等,在产业整合、市场出清、供应链转移过程中处于不利地位。再往深层次看,人才密度和团队专业化程度较低,缺少高级的专家型人才,人员结构老化,内部活力不足;管理能力薄弱,管理体系不健全,不能支撑企业战略目标的实现以及企业战略任务的完成。

二是接班人难题。一些民营企业创立至今已有三四十年,创始人年事已高,但家族成员中无合适的接班人选;交班给职业经理人，条件又不具备（缺少内部培养起来的可信任高管团队）。

三是领导力限制。通俗地说，就是领导力天花板。面对新的市场和产业环境中层出不穷的新问题，企业创始人凭经验和原始智慧难以适应、应对，无法有效解决。许多企业老板到处学习，但于事无补，真正的领导力的提升并不显著。

下面，我重点分析领导力问题。我将某些企业领导者的领导力缺陷概括成"三缺"：

第一是缺"心"。

这里的"心"，首先指心愿，也就是动机。缺"心"，是指动机的缺失。很多企业家创业时，动机主要是"脱贫致富"。但是，当财富动机被满足之后，需转向使命动机。只有使命，才能引领、驱动企业家长期锐意进取、持续艰苦奋斗。企业家赋予企业长期目标，实际上就是使命感的一种体现。重塑使命，是中国企业战略转型的核心任务。

"心"，其次指心力。心力就是高密度的心理能量。它由使命、信念而来，是长期坚持、不畏艰险、百折不挠的意志力，是敢于冒险、创新、无所畏惧的勇气。企业家的心理能量是引领企业组织前行的第一驱动力。少了心力，就无法影响和吸引他人，也难以率领企业克服重重险阻。一些企业家在长期的奋斗过程中，心力有所流失，心理能量的补充不能弥补耗损，产生了疲惫感、无助感、迷茫感。

第二是缺"能"。

这里的"能"指的是企业家的领导技能。对部分企业家而言,最为欠缺的,一是战略视野和洞察力,二是价值观管理能力,三是管理知识型员工的能力。

一些企业存在投机主义倾向和目标短期化问题。一个重要原因是战略眼光不够长远,缺乏穿透力,看不清事物变化的趋势和背后的逻辑。很多企业家文化水平不高,当所需决策问题包含多个变量、结构变得复杂时,常常会出现重大漏失和错误。他们由于缺乏科学思维训练,容易产生非理性行为。

选择价值观、坚守价值观,用价值观影响组织成长,将价值观运用到企业管理之中,是企业家最重要的管理行为,即价值观管理。这种管理方式所需的就是价值观管理能力。价值观能力的缺失,主要表现为价值观选择上的迷茫以及践行上的虚空。对很多企业而言,外部互动缺理念,内部治理缺规则。墙上贴满了口号,要么缺乏针对性;要么偏离企业属性,将企业文化"意识形态化";要么将企业家个人的文化偏好强加给组织。就文化践行而言,一些企业未将价值理念与企业战略、运营流程、企业制度规范相融合;缺少使组织全体成员理解和认识企业文化的传播、沟通机制;核心团队尤其是上层领导者做不到以身作则,言行不一,潜规则盛行;文化气场稀薄,组织缺乏凝聚力。从企业文化的类型看,中国企业家出于自我经验，比较容易选择高压式的军事型文化或者有些温情的家庭型文化。实际上，企业组织有点像军队，有点像家，但又不是军队，不是家。如何塑造一种符合未来趋势、适合新一代员工的现代企业组织文化，很多企业家需要认真思考和学习。

部分企业家缺"能"的第三种表现是不能有效地管理知识型团队。随着企业的战略转型，年轻的、受过良好教育的员工占比会越来越高。但如何管理他们，超出了一些文化程度不高、机会型企业家的经验。对于知识型员工的人格、心理特点、愿望和追求、敏感点和禁忌处等，这些企业家缺少真切、细致的体会和认知；找不到与知识型员工沟通、互动的合适方式；难以在体制、机制、体系层面形成知识型团队建设的完整方案。与此相对应，一些企业家非逻辑化的思维方式、多变的决策风格、个人化的文化主张，以及组织中带有个人崇拜色彩的氛围，亦不为知识型员工所认可。

第三是缺"量"。

这里的缺"量"，是指缺乏度量，即缺乏气度、格局和胸怀。俗语云：宰相肚里能撑船。企业家的度量，直接决定了企业发展的边界。所谓缺"量"，主要体现在三个度上：

第一，利益共享度上，不能以普惠方式调动员工的积极性。说到底，还是对财富太在意，对个人及家族的利益边界把守得过紧。在股权设计上，很多企业多年来依然是企业创始人一股独大；在股份比例和企业控制权的相互关系上，习惯于将大股东控股地位和控制权直接对应起来。

第二，内部分权度上，权力过于集中。不仅仅大权独揽，对小权也很在意。大事一言九鼎，小事时时参与，不能发挥企业组织内部多层级主体的自主性和积极性。这样不仅容易导致重大战略失误，而且也使组织缺乏活力。在管控方式上，习惯于人治。与此相关联，企业缺乏规范化的有序分权机制以及管控体系，导致内部的"信任"关系建立不起来。圈子里的熟人由于长期交往，比较了解，企业创始人或领导者用起来尚能放心，但对"陌生人"（引进的职业经理人）很难充分信任和放权。

第三，文化包容度上，对不同文化的容纳、吸纳能力弱，价值理念的开放程度低，将本应是源头活水的企业文化弄成一潭死水。企业文化建设和管理过于强调"求同"，对不同风格、个性的亚文化、子文化关注较少，未能给予它们一定的生存空间，抑制了组织内部的活力和创造性。有些企业没有把组织的价值理念转变为组织成员内心的自觉追求和敬畏，反而将其变成"紧箍咒"，妨碍了员工的独立思考。同时，缺少透明、公开的信息分享机制和重大问题讨论、辩驳机制，缺少员工建言和参与的途径；信息流动以纵向而非横向为主。在某种程度上，这些现象也是文化包容度不够的体现。

四

中国经济的优势因素

经过数十年的发展，中国经济已具有坚实的基础，在未来相当长的时间内仍然具有多方面的优势。这些优势是中国经济韧劲的依托，是中小企业未来成长的良好环境因素。

中国经济的优势因素主要有：

第一，巨量的内需规模。无论未来人口出生率如何变化，现有的人口存量足以支撑巨大的内需市场。国内市场的内循环可以为中小企业的生存发展提供机会，为其走向全球市场提供条件。

第二，坚实的产业基础。在全球产业版图中，我国有一类产业最具优势，也比较安全。我称之为"中间型"产业：不包含最尖端的技术，但有一定的技术含量；不是劳动密集型，但需有较多的工程师和管理人员。也就是说，这类产业就技术含量而言，高于劳动密集型产业，低于高尖技术密集型产业。这类产业在全球供应链重组过程中，相当长的时间内难以被替代。东南亚国家以及欧美发达国家均缺少充足的普通工程师、技术工人及专业性管理人员供给。"中间型"产业是我国产业进步的基础。

第三，优秀工程师的红利。每年千万级的大学毕业生中有大量的优秀人才。在应试教育社会背景下，他们的创造力、创新力或许有所不足，但是其中合格的"理科男""理科女"不在少数。

第四，新质生产力的巨大进步。近年来，在政府的大力倡导和政策支持下，我国自主创新领域的技术和产业进步很快，进口替代取得明显进展。一大批代表新质生产力的"专、精、特、新"企业快速成长。

第五，普适性管理方法。经过数十年的探索、实践，以华为为代表的一批优秀企业在借鉴外部管理思想、方法的基础上，已经积累了具有普遍适用性的、系统化的管理经验和模式，可以被广大企业学习、借鉴。

第六，增长极的发展。一些增长极（如粤港澳大湾区、长三角地区等）内部一体化程度及产业生态丰富性提升，要素聚集功能进一步增强，这为产业配套发展以及供应链配套创造了条件。

第七，变化中的消费结构。随着人口结构的变化和城市化发展，消费结构及消费场景会更加多样，细分的需求空间将会增加。同时，尽管经济面临下行压力，但这对部分消费人群的影响是有限的，他们的消费升级总是会发生的。当然升级的方向未必是奢华，而是绿色、健康、安全和高品质。

第八，民营企业营商环境改善。随着《中华人民共和国民营经济促进法》的出台,可以预见,民营企业的营商环境将会在法治轨道上不断优化,变得更加公正、透明和友善。

第九,中国的儒家文化传统。 儒家的入世态度,儒家所倡导的秩序、克制、勤勉,已经成为中国人文化基因的组成部分,渗透在中国人的人格之中。这种文化传统和经济及产业发展之间有着良好的交集,是我国经济长期增长的内在支撑结构。

五

未来的市场机会

在当下经济发展新旧动能转换的过渡期以及全球经济的混沌期,总量性机会显然趋于减少。对企业(尤其是中小规模的民营企业)来说,未来的市场机会主要是结构性机会,主要分布于以下领域或区域:

1. 国内——to C(面向最终消费者)

- 与人口老龄化相关的银发经济;

- 与社会发展、时代潮流相关的新的细分市场,包括新人群和新场景;
- 在市场变平(城乡一体化)过程中出现需求弥散,原本发生在城市市场上的需求,在农村市场上逐渐放大;
- 城市化进入中后期之后,与新的生活方式相关的需求,如以单身人群为主体的孤独经济、都市年轻人满足精神需求的体验经济等。

2. 全球——to C(面向最终消费者)

- 对国内消费品有需求的海外市场;
- 人口较多、消费总量较大、有可能在当地培育自有品牌的海外市场;
- 面对最终消费者,在全球范围内具有供应链优势(生产要素、地理位置、贸易规则等)的区域。

3. 国内——to B(面向企业等机构客户)

- 自主可控范围内的创新产业领域;我国企业从模仿到创新过程中能逐步实现进口替代的工业品产业领域;以及与创新产业相关的,需实现技术革新和技术进步的"传统"产业领域;
- 随着国内投资增长以及投资结构变化,需求放大的下游工业品产业领域。

4. 国际——to B（面向企业等机构客户）

- 全球范围内，国内技术密集型企业参与竞争的创新工业品领域；
- 全球范围内，我国企业有可能超越领先者的工业品产业（包括传统产业）领域；
- 面向企业等机构客户，在全球范围内具有供应链优势（生产要素、地理位置、贸易规则等）的区域；
- 全球范围内，工业化程度低于中国，需要中国进行产业赋能的区域（未来"中国制造"将会在全球范围内助力非发达地区的工业化进程）。

六

与 AI 相关的机会

现在，我们简要分析一下与 AI（人工智能）相关的产业机会。这里我做了一个简单的 AI 相关的产业及市场图景（见图 1-3）。

图 1-3 是对广义的 AI 相关产业的描绘。而狭义的 AI 主

要指生成式大模型（如 ChatGPT）。我们可以在最左侧的产业要素中寻找机会：我们有数据吗？能提供数据服务吗？我们能不能在基础算法上创新（有的专家称，目前算法的基础还是数学家们多年以前发现的模型）？我们能不能构建算力供给能力，提供算力服务？这三个产业要素又分别涉及产业链的上中下游。

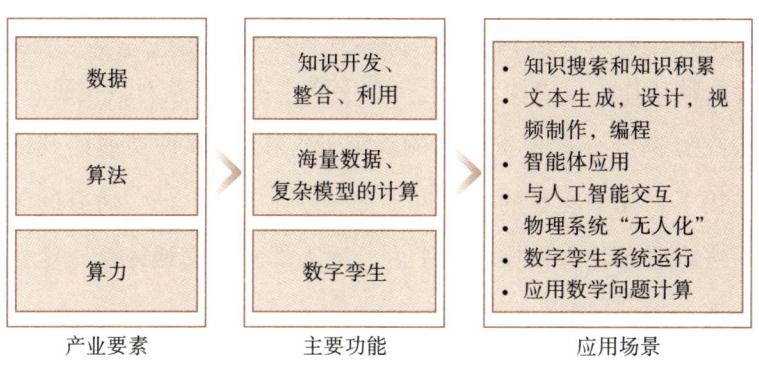

图 1-3　AI 相关的产业及市场图景

我们可以在功能维度通过发现 AI 的应用场景来寻找机会。许多应用领域的轮廓已经比较清晰了。第一，AI 时代人类对知识的开发、整合、利用，无论是效率还是效果，和过往是完全不同的。文本生成及视频制作、设计、编程、商业数据分析、辅助决策等将是最重要的应用方向。第二，海量数据、复杂模型的计算，在很多工程、研究领域针对特定的应用数学问题已经产生巨大的作用，例如高铁车次排程、创新化合物的筛选等。第三，随着机器人各项性能参数的优化，与之进行深度的智能交互，可使其学习能力不断提高。与此同步的是寻找机器人新的应用场景、丰富机器人的功能、扩大机器人的适用范围。同时，开发智能体，形成可容纳多种应用、连接多个终端和界面的平台，使其在家居、生活及生产领域为解决系统性问题提供解决方案。第四，有了数字孪生世界，我们可以在虚拟空间设计、试验、调试；和物理世界联动运作；可以构建和运行数字孪生系统。这对科技研发、医疗等领域会产生重大影响。第五，在 AI 多种功能的共同作用下，几乎所有的物理世界都是"无人化"的。所有的工厂终将看不到直接操作的工人，无人驾驶的交通体系一定会出现。

我国 AI 发展最大的机会在于，这是新技术、新产业发展的内在要求，是生产力发展的趋势和方向。和人想用还是不想用、想创新抑或不想创新无关。历史唯物主义认为，生产力是人类社会发展的决定力量。我国 AI 发展有很多有利因素。产业齐全且场景丰富，数据容量很大；社会、文化环境对数据生成、汇集以及应用的制约相对比较小。劣势主要在于基础研究薄弱、顶级人才稀缺、创新氛围不足等。短期的威胁在于，外部技术封锁以及高端供应链、人才链的制约等。

七

一心开二门：企业家的 3 张地图

如今我们面临世界百年未有之大变局，不能期望环境很快好转，当然也不能一味悲观。在不确定的时代，决定企业前途、未来的，仍然是内部因素，其中最为核心的因素是"一心""二门"：心即心智；二门为战略之门和组织之门。战略之门为企业提供了未来成长的方向和路径，组织之门为企业战略目标实现提供了保障和支持。战略之门和组织之门均与心智有关，心智决定战略和组织，因此可以说"一心开二门"。

面向未来，部分企业家可能需重绘 3 张地图（见图 1-4），每张地图各包含 3 个元素。

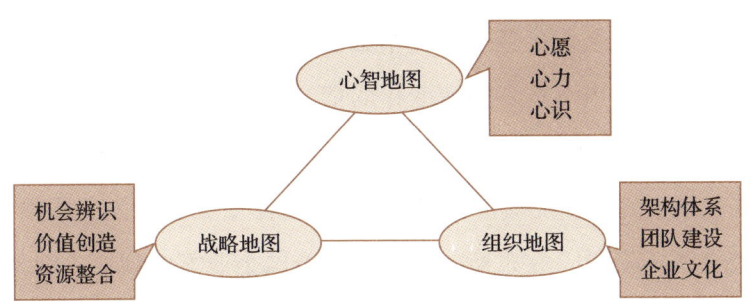

图 1-4　企业家的 3 张地图

心智地图：

1. **心愿**。心之所愿，即使命、愿景和战略意图。

2. **心力**。心的力量，即信念、意志、勇气、胆量及韧性。

3. **心识**。内心的见识，即认知、智慧和洞察。

战略地图：

1. **机会辨识**。通过分析、感知外部市场和产业环境，辨识机会，选择业务领域（赛道），进行业务组合。

2. **价值创造**。在特定的业务领域内，基于目标顾客的需求，确定顾客价值定位，提出价值主张，并构建内外一体化的价值创造机制，同时考虑投入产出比和利益获取方式。

3. **资源整合**。依据价值创造及市场竞争的要求，开发、积累内外部资源，形成资源生成和增强机制。

一般情形下，"机会—价值—资源"是战略思维的内在结构和逻辑（这就是由外而内战略）。另一种逻辑在现实中也很常见，即"资源—价值—机会"，即依据已有的资源及能力，定义和创造顾客价值，在此基础上激发、开辟、创造出需求和市场。在当下技术加速变化的情况下，还有一种逻辑开始出现，即"价值—机会—资源"：先定义全新的顾客价值，再去发现与之相匹配的市场空间（需求集合），最后开发、积累、整合所需资源。乔布斯、马斯克等美国企业家的创业、创新实践，更加符合这一逻辑。

组织地图：

1. **架构体系**。架构可以分为3个层次：一是基于产权关系和控制权结构的治理架构；二是各类价值创造活动及价值流（直接创造价值的研产销过程）架构，即企业流程体系；三是与价值创造活动相关的组织分工架构（即我们常见的组织架构图）。架构的表面形式是组织框架图，背后内容则是责任、权力、利益机制设计。体系是指标准化、规范化的架构，简单地说就是各类管理制度、流程、规范以及管理技术、方法（模板）的集成。

2. **团队建设**。团队建设是整合组织中的个体、形成组织合力、保持和提升组织活力和战斗力的机制和途径，主要包括沟通及共识机制、参与机制、学习机制、激励机制和活力机制等。

3. **企业文化**。企业文化是指企业组织共同的价值观、内在文化秩序、团队氛围、精神面貌、传统习惯等。

图1-4中，"一心""二门"3个一级变量相互作用、相互增强：心智牵引、驱动战略和组织；战略和组织不仅支撑心智，同时激发心智；而战略与组织之间相互适应是企业系统成长的基本动因，两者之间的矛盾关系通常表现为组织跟不上战略，或战略跟不上组织——这是促使企业战略或组织变革的主要因素。

按照价值创造的内在逻辑，"一心开二门"可以表现为以下形态（见图1-5）：

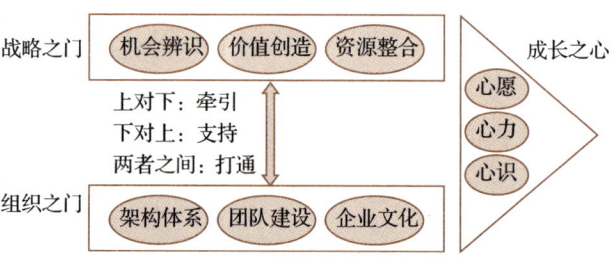

图 1-5 "一心开二门"的价值链

战略和组织之间的桥梁

欲使战略真正落地、得到有效执行，必须建立战略和组织之间的连接机制，将战略之门和组织之门打通。这意味着战略制定和战略执行一体化、战略认知和战略动作一体化、战略意图和组织能力一体化，甚至意味着经营和管理一体化——战略制定的目的、内容主要是业务绩效和业务经营（做正确的事），而组织建设和运行的目的、内容主要是运营效率和管理循环（正确地做事）。对企业领导者而言，控制、协调战略和组织之间的连接机制是其管理工作的主要内容。

体现上述一体化理念、打通战略之门和组织之门的机制主要有：

1. 战略和流程、组织架构一体化

这里所说的一体化，即战略活动化、活动流程化、流程组织化（见图1-6）。[2]

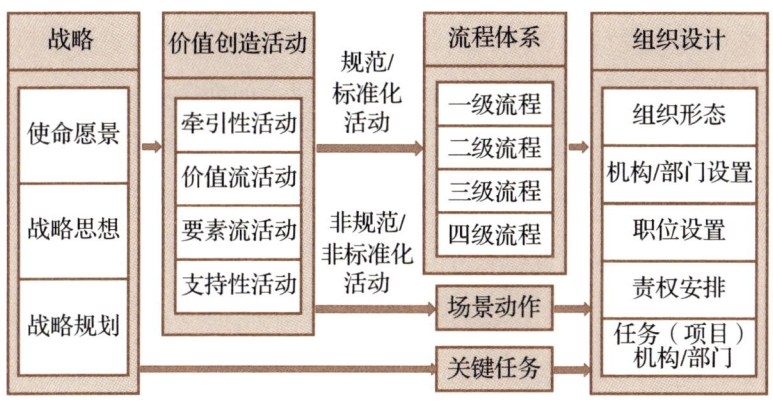

图1-6 从战略到组织架构

在使命愿景的牵引下，企业形成战略思想，并制定战略周期（3～5年）内的战略规划（确定战略目标和行动纲领）。依据战略思想和战略规划，进行价值创造活动安排。活动分为4个层次：牵引性活动，包括战略管理活动、价值观管理活动，对全部活动起指引、驱动作用；价值流活动是指企业直接创造价值的活动，一般包括研发、供应、营销及销售等环节；要素流活动是指创造价值的各个要素的开发、使用活

动（要素包括人力资源、资金、技术、土地、数据等）；支持性活动是指支持直接创造价值以及要素开发、使用活动的活动，包括运营管理、财务管理、信息管理、审计管理、法务管理、行政管理等。

从规范角度看，所有的价值创造活动可以分为两类：一类是标准化的、重复出现的活动；一类是非标准化的、不重复出现的弹性活动。前者经梳理、整合后可转化为多级流程体系，后者则可被描绘为一些特定场景下的动作。

在流程体系的基础上，可进行组织设计（显然流程设计在前，组织设计在后）：先是确定组织形态（如职能式、事业部制、矩阵式或自组织式等），然后制订机构/部门设置方案以及职位设置方案。在此基础上，对与机构/部门、职位相对应的责任、权力关系（体制/机制）进行安排。

此外，战略规划中通常包含不同时间属性的关键任务（举措）。流程体系是例常业务活动的规范化表达，而关键任务则是基于战略目的、有时间规定的特定举措。关键任务的实现过程，有的已包含在现有流程体系之中，有的则需要对现有流程做出调整。而有些新的关键任务缺少流程匹配支持，因此需要新建或补充流程。当然，如果关键任务实现过程是场景动作，那就不需要流程了。由此可见，我们需分析关键任务和现有流程体系、机构/部门及职位设置的关系，根据需要增补、修改流程，调整机构/部门和职位。需要说明的是，针对重要的新的战略任务，可以设立专门的任务（项目）机构/部门。

2. 战略和运营一体化

战略和运营一体化是指实现从战略制定到战略执行的闭环管理（见图 1-7）：

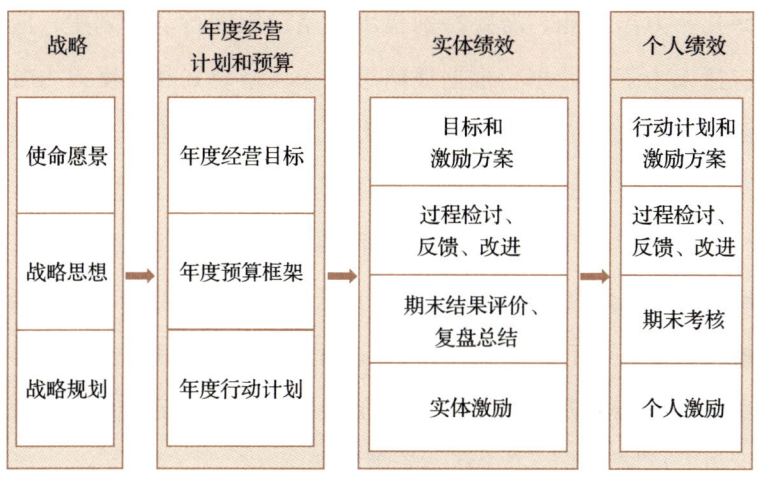

图 1-7　从战略到绩效

在华为流程体系中，与这一闭环管理过程相对应的是 DSTE（Develop Strategy to Execution，开发战略到执行）体系。当战略制定完成后，便进入战略执行过程，即年度业务运营过程。

首先,将战略思想、战略规划转化、分解为年度经营计划和预算,确定年度经营目标、年度预算框架和年度行动计划。对于这一步骤,需要强调的是:不仅要分解战略规划,还要解析战略思想,使之清晰化、具体化,变得可认知、可操作;同时,实现业务、财务一体化,明确业务活动的资源配置框架以及资源投入边界;尤为重要的是,各部门的目标和行动计划需相互一致、匹配,相互关联、协同,实现利出一孔、力出一孔。需要特别指出的是,年度行动计划中,应包括人力资源计划。根据战略思想、战略规划和年度人力资源计划,做好人才开发,优化人力资源配置,重新进行人岗匹配,这一步在许多企业的战略执行流程里是缺失的。

其次,基于年度经营计划和预算、人力资源配置方案,确定实体(企业中独立承担经营责任、责权利边界清晰的二级机构/部门)绩效目标,并预先设计实体激励方案(针对实体中的领导团队及一定范围的员工群体),然后展开过程检讨、评价、反馈、激励等多环节管理循环。

最后,在此基础上,将实体绩效目标和个人行动计划分解、细化为每个员工的个人目标和行动要求,同样进行循环式个人绩效管理。这样就把组织目标、战略和每个员工的个人目标、动作联系起来了。

新的心智地图

超越内卷,需要艰苦奋斗和长途跋涉。面对诸多新的挑战,欲实现理想、达成目标,最重要的是重绘心智地图。即转变心智。我曾经说过,心是牵引之力,心是动力之源。现在还要加上心是智慧(认知)之体,心是控险之锚。企业再大再强,也很难改变外部环境。企业领导者只能反求诸己,以心为旗,以心为帆,适应波涛汹涌的洋面,破浪前进。

1. 心愿方面:从财富驱动到使命驱动

为企业成长构建更加持久、更为强劲的动力系统。在基础性、根本性的企业家驱动力层面,为企业在艰难环境下长久生存、持续发展提供可靠、坚实的保障。企业家只有将财富动机递进为使命动机,才有可能带领企业突破重重险阻,实现高质量、可持续成长。

2. 心力方面:从躺平懈怠到始终保持企业家精神

企业家是没有什么资格诉苦的,因为这条路是自己选择的。这里引用已故诗人汪国真的诗句:既然选择了远方,便只顾风雨兼程。企业创始人和领导者需要具备奋进人格，在未来的长跑中依托意志、信念和耐心获得最后的胜利。

3. 心识方面：从表层感知转向深度智慧

在认知方式上，从凭借经验、习惯转向实践真知和"空""明"智慧（即明心见性、直抵本质），掌握基本规律，进入自由王国；从简单思考到建立复杂模型、形成精准算法，遵循科学原则，采用科学方法，提高认知密度；同时，从本土眼光转为全球视野，并把目光拉长，依循长期理念。基于基本假设和深层价值系统，尊重人，关心人，平等待人，对人性有平衡、理性的假设；从关注事为主转向关注人为主，处理好组织的利益关系，能够驾驭团队；尤为重要的是，从凌驾于组织之上的英雄型人格变为融入团队的平常型人格。只有这样，才能有效管理90后、00后员工，使年轻人才脱颖而出、生生不息。

企业家心智模式的变化主线是从个人感性转向组织理性：个人目标、理想符合组织目标和理想，个人认知转变为组织智慧，个人价值观服从组织价值观……当企业创始人和领导者真正成为企业家时，就有可能依托组织的力量，穿越内卷的漫长周期，迎来产业和市场复苏的曙光。

新的战略地图

按照战略思想框架,我提出了企业在新形势下面向未来的重要战略方针和原则(见图1-8)。

战略元素	战略理念、原则和行动指南
战略目标	高质量发展,可持续成长
战略任务	竞争能力提升
基本战略理念	聚焦　极致化　资源压强
关键战略任务	供应链优化　融合式顾客关系　技术进步　全球化
重要战略动作	机会、能力相互增强　技术、营销双轮驱动 模式、资源相互作用　适应、引领相互平衡
战略管理	战略共识达成　战略、组织打通　战略管理闭环形成

图1-8　未来的战略地图

1. 战略目标:高质量发展,可持续成长

"高质量"和"可持续"是关键词。提高经营质量是当前企业经营的首要目标。不能过于追求规模,要避免德鲁克批评过的大而不强的肥胖式增长。坚持做强优于做大。同时,在生存即发展的当下,将活下去、活得久作为企业的最高目标。

2. 战略任务：竞争能力提升

围绕战略目标，根据对未来形势的预判，不断提升适应未来生存环境的竞争能力，形成特定领域内可支撑生存发展、适应环境变化的核心专长。

3. 基本战略理念：3 个关键词

所谓"基本"，意味着基础性和普遍适用性。基本战略理念主要有：

- 聚焦。这在未来相当长的时间内，或许是企业所需遵循的第一理念。只有聚焦，才能集中和有效利用资源，才能真正实现专业化，才能在自己所擅长的领域建立起壁垒。在活下去、活得久为先的情况下，聚焦尤为重要。赛道要聚焦，市场空间要聚焦，产品（服务）要聚焦，价值要聚焦，价值创造活动（环节）要聚焦……

- 极致化。这里指创新性、独特性、差异化产品（服务）价值的极致化；在一定的价格前提下，也代表了产品（服务）性价比的极致化。当竞争更加激烈时，只有价值极致化才能超越竞争、跳出内卷。极致化的标志是产品（服务）价值密度（细节）最大化，动态看，是价值在某些维度上向着事先设定的完善标准不断递进。极致化的主要途径是产品（服务）价值创新以及与之相关的技术创新、价值创造机制（运营方式）创新、资源整合和开发模式创新。

- 资源压强。要围绕价值的主要源泉以及制胜因素（实现价值极致化的关键元素、动作、环节等）进行资源压强——集中优势力量、以不对称（力量远大于竞争者）方式力求突破，获取胜利。资源形态主要是人才和知识。压强意味着提高企业的知识和人才密度。德鲁克在《为成果而管理》[3]一书中专门强调：要把最优秀的人才压强到最大的机会点上。

4. 关键战略任务：4个重要动作

这是未来最重要的具有战略意义的一组举措。主要有：

- 供应链优化。这是"中国制造"演进的必由之路。在全球供应链重组的大背景下，我国企业需打造敏捷、智能、国际化、数字化乃至无人化（人工智能起主导作用）的供应链，降低整体、系统成本，提高供应、交付效率和服务品质。这同时意味着卓越运营。
- 融合式顾客关系。与顾客直接连接，融入顾客价值活动及价值网络，与顾客共同创造价值；真切体会顾客需求，与顾客形成频繁反馈式沟通机制；利用互联网手段，整合营销，构建立体传播及渠道体系；开发、积累、经营顾客资源；培育顾客忠诚度，深化和顾客的关系。

- **技术进步**。在新的技术和产业周期内，以技术为驱动增长、提升优势的核心元素；通过持续的技术进步，赶超产业内的技术标杆；在具体路径上，沿着正确的技术方向，实现从边缘到基础、从应用到平台、从模仿到创新的跨越。
- **全球化**。顺应全球供应链重组的趋势，在全球范围内投资、安置价值链，并实现组织机构和人员的国际化（海外设置机构并招聘员工）。将"中国制造"移至海外当地市场，逐步推进自有品牌战略。当全球经济版图及地缘政治格局发生重大变化之际，选择一些新兴区域，扎根当地市场，成为所在区域产业生态的重要组成部分。这些都是中国企业国际化"第三季"的主要内容。

5. 重要战略动作：四组关系的处理

依据前述战略目标、任务，企业的重要战略动作（举措）建议主要有：

- **机会、能力相互增强**。企业务必形成一个内外部战略元素相互增强的飞轮结构：根据外部环境变化，快速捕捉新的机会，以此牵引、推动企业能力提升；企业能力提升又可支持企业获得更多外部机会。对企业而言，在变化的时代，单纯的能力导向不可取，因为有可能失去重大战略性机会；同时，单纯的机会导向也不可取，因为有可能因能力不济而浪费机会。目前，许多原来市场、产品定位较低的企业，面临着顾客、产品双升级的战略任务，这本质上属于重新定义机会（需求空间）以及与之相关的顾客价值，需要加速实现能力转换和升级，否则这一战略任务不可能实现。

- **技术、营销双轮驱动**。我国大部分企业起步时缺乏技术基础，当时最大的资源不在企业内部而在企业外部，即体量庞大且持续增长的市场（顾客）资源。因此，通过营销策略、市场运作将外部市场资源转化为收益，是许多企业成长的必由之路。当凭借外部市场机会，业绩增长至一定的规模时，企业就需开始向依托能力增长的路径转型。而能力的主要载体和组成部分就是技术。对新质生产力引领的创新型企业来说，将技术和营销有机结合起来（从顾客需求出发，从与顾客价值相关的技术入手，通过迭代，实现技术进阶；同时将技术嵌入营销主题，成为营销的主要内容）是业绩增长的制胜因素。从人员素质以及组织角度看，技术人员懂市场、营销人员懂技术，技术人员和市场人员协同、一体化运作，已被实践证明是创新型企业获得动态市场优势的有效手段。

- **模式、资源相互作用**。在市场存量竞争趋于激烈的情形下，欲超越内卷，结构性的商业模式创新比以往更为重要。所有的竞争者都挤在老路上，这只能使内卷更加严重。而欲跳出原有的博弈格局，有效手段之一是升维、重组价值链和价值网络结构，形成新的具有结构性优势的商业模式。近几年，在传统产业领域脱颖而出的品牌，如卡萨帝、东鹏特饮、蜜雪冰城，莫不如此。但值得注意的是，任何新的商业模式都需坚实的资源作为支撑。也就是说，资源条件是模式创新的基础和前提，通常情况下，不能脱离资源谈创新，尤其是领导力资源、核心技术资源和专业技术人才资源。小米有了足够的人才密度，才能在较短时间内进行多品类产品的商业模式创新。从另外一个角度看，模式创新会对组织资源提出新的标准和要求，从而推动、牵引资源开发和积累。这和机会牵引能力有异曲同工之处。

- **适应、引领相互平衡**。从长周期角度看，企业成长意味着企业进化，而进化的本质就是适应环境。面对未来的不确定性，企业总体上需适应新的环境。实施海外发展战略的企业更需要逐步了解、理解当地市场以及经济、社会、文化、政治特征。适应的过程是小心翼翼、如履薄冰的试错实践，战略上总体应趋于保守，在一次次迭代中积小胜为大胜。但是适应性战略并不能带来战略变革和结构性创新的红利，因此在环境即将发生重大变化且变化趋势已可觉察（即所谓的"未来已来"）时，企业可以通过引领型战略——引发变化、引导变化、创造变化从而让未来发生——取得先人一步的领先优势。但在不确定的环境下,引领型战略存在巨大风险,如何与适应型战略相互兼容和平衡呢?主要的思路(解决方案)有两个:一是德鲁克提出的"预支"已经发生的未来,即发现并利用从经济和社会中某个不连续性的现象出现,到它将带来全面冲击之间的时间差。例如,已经确知中国未来几十年人口老龄化将加速,人口总量及人力资源效益呈递减趋势,我们目前开始开发、生产、供应养老机器人,使之逐渐渗透市场。二是在引领创新时"领先半步"——选择在需求即将放大、应用即将展开、技术即将成熟、从行业角度看成本即将下降的时点推出引领性产品及解决方案。这样做既避免了因领先过多而迟迟不能获得市场回报、资源消耗过大的弊端,也解决了找不准需求及技术方向的问题。

此外,某些战略性动作兼具适应和引领的双重含义。这类动作的基本特征是依据一定的前提创造需求,"创造"意味着引领,而"依据"代表着适应。主要路径有:将抽象的愿望,如"年轻人所追求的时尚",转变为具体的产品(服务)形态以及可以体验的场景和载体;或将需求规律,如"消费者喜欢物有所值",呈现为顾客可以比较、辨识的价值方案。

6. 战略管理:从战略制定到战略执行全过程管理

主要包括3项内容:

- **战略共识达成**。在战略制定阶段,通过广泛参与、深入讨论,汲取广大员工的智慧,同时使所有的组织成员理解、认同战略,对于企业重大战略目标、方向、方针、原则以及任务形成一致意见,是战略得到有效执行的前提。战略共识的达成过程,就是组织成员心理默契达成的过程,是实现"心往一处想、劲往一处使"的组织协同、增强组织合力及凝聚力的重要机制。

- **战略、组织打通**。打通战略与组织,主要包括以战略为依托的组织架构设计和流程体系,实现从战略制定到战略执行全过程贯通(从战略目标、任务到年度经营计划和预算,再到实体绩效和个体绩效管理)。战略和组织的打通,本质上是为战略构建组织支持机制和体系,使战略和能力相互匹配,使战略和组织资本相得益彰、相互增强。

- **战略管理闭环形成**。这是指战略分析、战略思想提炼、战略规划制定、战略目标及任务分解、战略执行及检查、战略总结/复盘的管理循环。通过战略周期(通常为3～5年)内的战略管理循环,使企业产生符合战略预期的成果。

十一
新的组织地图

改革开放以来,我国企业总体上属于后发者和追赶者。除了极少数企业成为全球产业领袖、进入"无人区"、进行战略创新外,大部分企业在战略上以模仿、借鉴为主。但是中国优秀企业在组织建设和打造上积累了具有未来意义的经验,塑造了优势性的组织模式。华为等企业之所以能成为全球产业领袖,恰恰是因为其所具备的支撑宏伟战略理想的组织力量。扩展开来说,所谓中国式管理,主要是就中国企业的组织模式和组织管理而言的。

中国企业的先进组织模式,目前还只有极少数企业的最佳实践,但已经具有了标杆属性,可以被学习和借鉴。我在此对其做简要说明。对大部分企业来说,这就是组织地图重绘(组织变革)可以借鉴的对象(见图 1-9)。

1. 组织目标:高能组织

它有 3 个标志:

- **高绩效**。从较长时间看,主营业务、业绩(营业收入、净利润、资产回报率等)增长速度超过行业平均水平;

同时，业绩能穿越周期持续增长。
- **高能量**。高能组织不仅仅表现为高绩效。它充满活力，始终为顾客创造价值，它具有战斗力和竞争力，在激烈的竞争环境中能超越竞争者；它对于环境变化，反应快捷、强劲，可逐步形成明显优势和竞争壁垒；它具有高于平均线的资源密度（质量）。
- **高能力**。主要表现为高素质人才（高人力资本）以及人力资本动态增值，以及不断产生、积累各类独特知识。高能力的主要标志是向社会输送人才，实现人力资本的社会化。

组织元素	组织理念和行动指南
组织目标	高能组织：高绩效、高能量、高能力
组织任务	打造、提升 3 种力量：凝聚力、战斗力、生命力
组织形态	有机组织：同心圆，自组织，无边界
组织机制	张力机制：自驱，共治共享，非均衡激励
组织能力	内生模式（学生兵）双螺旋学习
组织文化	契约文化＋校园文化＋军事文化

图 1-9　未来的组织地图

2. 组织任务：打造、提升 3 种力量

整体组织力量可以分解为凝聚力、战斗力、生命力这 3 种力量。组织的任务是持续打造和提升这 3 种力量，并以此实现组织的愿景和使命。

- **凝聚力**。在充分沟通的基础上，增强组织的协同性；通过文化建设，提高组织成员价值观的共识程度；通过广泛参与、深入讨论和解析过程，提升战略认知的一致性以及从战略制定到战略执行的统一性，真正实现"力出一孔"。
- **战斗力**。设计符合人性、强劲有力的激励机制，首先解决组织成员的行为动机问题，这是获得战斗力的必要条件；同时总结提炼竞争策略、战法战术，在此基础上使所有组织成员掌握基于自身工作职责、角色的动作要求。
- **生命力**。通过组织设计、组织变革、组织学习等负熵行动，防范或减轻组织僵化和老化现象，保持组织的活力，尤其需重视新老交替和对外开放这两个重要环节。

3. 组织形态：有机组织

有机组织的"有机"，主要体现在组织内部的关联性、整体性，以及和环境的不可分离性上。其具体形态可以从 3 个方面来描绘：

- **同心圆**。这是组织形态的内在逻辑。围绕顾客价值链（同心圆最内圈）、业务价值链（由直接价值创造活动如研发、制造、销售等组成）形成闭环；围绕业务价值链、资源链（人力资源、技术、资金、数据等）形成闭环；围绕业务价值链、资源链、支持链（战略管理、运营管理、行政管理、法务管理、审计管理等）形成闭环。各个链内部基于分工形成组织架构。这种同心圆结构体现了以顾客价值创造为宗旨、以顾客为导向，与顾客全方位、全过程对接的理念；同时每条链形成闭环，是流程型组织（将流程贯通）设计和运行的依据。此外，同心圆结构也具有扁平、贴近、融合的特点（见图1-10）：

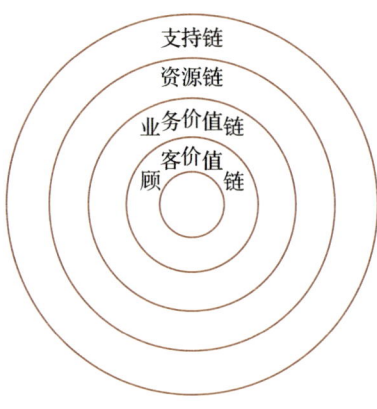

图1-10　同心圆组织形态

需要指出的是，图1-10展示的是单一业务情形下的组织结构。如果是多元业务（或者是特定业务范畴内的多品类产品）结构，支持链、资源链甚至业务价值链都有可能分离出支持多个产品品类、多条业务价值链的共享性平台组织。资源链、支持链中的平台容易理解，业务价值链中的平台主要表现为多元业务及多品类产品的共享性制造（集成供应链）基地（园区）或统一的销售平台（见图1-11）。

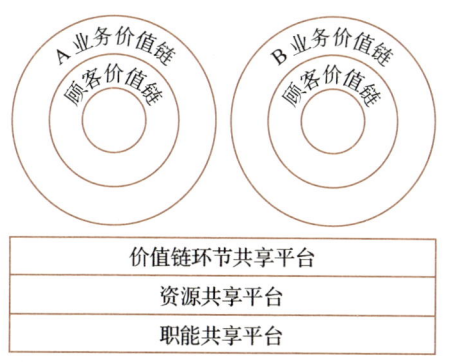

（业务价值链可以有多条；平台可取一、取二或取三）

图 1-11 多元业务下的平台和价值链组织

多元业务及多品类产品的价值链组织和各类平台组织相互嵌套、关联，形成了纵横交错的组织网络。链类组织和平台组织的矛盾和平衡，是多元业务及多品类产品组织设计的关键。而关联的节点是多方向矩阵结构中责任、权力设计的重点（见图 1-12）。

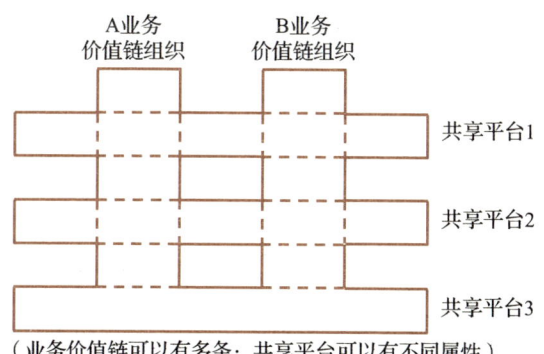

（业务价值链可以有多条；共享平台可以有不同属性）

图 1-12 纵横交错的组织网络

- **自组织**。其主要含义是企业组织中各个层级的组织单元（二级、三级……直至最基层机构）自发自主、自为、自律地完成任务、实现功能。自组织的前提是不同层级的组织单元责任、权力边界清晰，驱动机制是企业总体目标之下针对分层级组织单元所设立、设计的独立目标、资源边界以及目标达成的激励政策。在自组织机制下，企业组织结构具备去中心、多中心的民主特征，组织内部的连接则有一定的交易属性。需要特别说明的是，根据项目和任务组建责权边界明确、相对独立运作的跨部门小组，灵活组合角色、职位和人员，以及小组内部的分工弹性等，都属于自组织的范畴。自组织的组织网络犹如神经系统，每个组织单元类似于神经元，能对周遭变化敏捷反应，能向其他神经元输出信号。自组织机制下，创新往往来源于边缘；但借助自组织，可快速放大创新效应。随着 AI 技术的发展，企业各类智能体将会得到广泛应用。基于智能体的跨部门协同团队亦会随之出现。它们的边界会更加开放，形态也会更加灵活、多样。
- **无边界**。其含义是企业在组织成员、运行流程、信息系统以及权利安排上，与外部合作伙伴、相关利益者以及其他主体等进行一体化连接和融合。也可以理解为将企业内部的管理机制延伸到外部，或者将外部的管理对象（人、流程、数字、IT 系统等）纳入企业内部管理。

打开组织边界的意义在于充分利用企业外部资源，将组织效能（力量）延伸到组织外部，积极利用企业外部资源，扩充企业组织的力量；同时，也使价值创造活动（价值链）的某些环节（如需求洞察、产品配送、深化用户关系等）具有优势。

4. 组织机制：张力机制

"张力"是对组织机制的一种比喻，意味着紧张、严肃、竞争、有力。组织机制的"张力"主要体现在以下几个方面：

- 自驱。组织成员自我驱动。其必要条件是共治、共享及客观、公正的评价激励机制，而充分条件则是高素质人才的自尊心理。
- 共治共享。共治是指权力开放，设计分权体制；从治理角度看，资本与知识共治，企业创始人与企业内部培养的企业家级职业经理人共治，后者可获得企业最高权力。共享是指多层次、大范围的利润分享。
- 非均衡激励。在绩效评价的基础上，采取远离平均线的优势激励政策，同时，保持组织内部的竞争性；淘汰不合格、不称职的组织成员，团队始终保持动态优化，即正向激励和负向激励双向张力机制。在处理内部分配关系时，将利益向价值创造的重点职位和人员倾斜，保持适当的利益分配差距。

5. 组织能力：人力资本和知识资源要素

这里的组织能力是狭义层面的，没有包括组织机制（组织资本），只有组织中的人力资本和知识资源要素。高能组织的组织能力提升机制主要有两个：

- **内生模式**。也就是学生兵（大学生）模式。企业组织的人才来源主要是大专院校毕业生（包括专科生、本科生、硕士研究生和博士研究生，以本科生、硕士研究生为主），企业所需各个层级的管理人才的培养主要依托企业内部训练。企业与学生兵长期合作。学生兵在企业内部开启职业生涯的垂直流动旅程。从长期看，不同时期进入企业的学生兵大部分会陆续退出企业，少数学生兵会升迁至企业高层职位。这一模式的优点主要有：人才输入起点和人才平均素质较高；团队文化的可塑性、一致性强；长期内部开发可以保证企业战略规划与能力开发的配称和契合；而双方长期合作也为企业坚持长期战略行为提供了保证。持续的大学生招录、培养和使用，使企业形成了生生不息的人才梯队。在丰富的后备人才中，企业较容易发现或培养出可独当一面、创造业绩的企业家人才，这也为企业业务多元化发展创造了条件。而内部生成这些企业家人才的成本远比外部高管聘用的代价（薪酬、股权激励等）小得多。此外，采用学生兵模式的企业，各层级专业人才、管理人才的平均年龄通常低于行业平均水平。也就是说，在企业各个层级上，更多的年轻人发挥了更大、更重要的作用，组织显然也就更有活力和创造力。

内生的学生兵模式，起初是华为、美的面临人才缺乏问题的权宜之计，目前已经成为全国甚至全球范围内的一种领先模式。它平衡了组织的统一性和竞争性：纯粹的年功序列制模式，会导致企业内部竞争性稀薄；纯粹的市场化职业经理人制模式，会导致企业内部统一性不足。内生模式处于这两种模式的中间。需要特别指出的是，内生模式在一定程度上解决了中国企业（这里主要指民营企业）的顶层治理问题（学生兵出身的内部企业家级职业经理人接班）。民营企业的接班方式通常是"内缘化"的，即由子女、亲属接班。但并非所有的子女、亲属都愿意接班、适合接班。而学生兵出身的企业高层管理者，和企业创始人长期合作，彼此了解、信任，他们接班成功的概率较大。进而言之，信任边界扩大、权力边界开放，是中国民营企业走上现代治理之路的重要入口。

内生模式的主要问题是：开始实施时，由于招聘、培训等各方面管理不完善，容易出现新录用学生兵在一至三年时间内流失率偏大、人才供给"远水解不了近渴"等问题。这一模式对于企业创始人、领导者的领导力（需能驾驭学生兵）、价值观（尊重知识型员工、平等待人、作风民主）、胸怀（宽容，欣赏个性独特、有创造力的员工）有比较高的要求。同时，它的有效性依赖于企业相对完善的人力资源开发管理、企业文化管理体系。这就削弱了其适用范围。

- **双螺旋学习**。相互关联、反应、促进的两条学习"线"（两类学习活动）并行而上，推动组织能力提升。一条"线"是个体学习"线"：每个组织成员作为高能粒子，在整个职业生涯中不断掌握新技能、探索新知识，并以此推动组织学习。另一条"线"是组织学习"线"：组织通过多种学习机制，促使组织成员相互激荡智慧、分享经验和知识。因此，双螺旋学习意味着个体学习推动组织学习，而组织学习又激发个体学习，两者呈现出你中有我、我中有你、相互交融的叠加状态。无论是个体学习，还是组织学习，均有"干中学"（在实践中学）、针对问题学、系统学、长期学、高强度学的特点。

6. 组织文化：契约文化 + 校园文化 + 军事文化

未来的组织，或者说高能组织，可将 3 种文化融合起来，生成新的具有鲜明时代特色的文化。其文化内涵和属性是企业朝气、活力、战斗力的来源，是企业持续成长的基石。契约文化是指尊重权利、平等交换的法治文化；校园文化是指民主包容、富有创造力的创新文化；军事文化是指结果导向、有令必行、有禁必止的执行文化及纪律文化。它们既相辅相成又相反相成（两个元素朝相反方向运行，但产生整体效果），交融在一起，形成了以下文化元素：

- 具有使命追求的理想主义；创造绩效、敢于胜利的勇气、英雄气概以及结果导向理念；
- 实事求是的务实态度；建立在认知密度（思维算力）基础上的理性、科学原则；永不自满、与时俱进的学习态度；
- 平等、尊重、自主、民主的组织规则；开放、包容、敢为人先、打破条条框框的崇尚创新的企业精神；
- 简单透明、积极进取、自强不息的氛围；在尊重个体基础上的合作态度和团队意识；
- 服从命令、坚决执行的纪律意识及行为习惯；敢打敢冲、不畏困难、艰苦奋斗的工作作风。

这些文化元素与外部竞争环境对组织文化的要求有关。当它们在外部竞争中彰显功能、产生作用之后，组织会朝着胜利的方向加以增强。同时，这些文化元素也与组织的主体力量——学生兵的特征、期待有关。唯有如此，这些文化元素才能扎根、生长和壮大。概言之，组织文化是一种新型的战斗队文化：

强认知，强执行；

强个体，强团队！

十二
有关企业未来成长的若干建议

针对我国部分企业成长中存在的问题,以及一些企业家的典型困惑和焦虑,我在这里提出五点具有长远指导意义的建议。

1. 以确定性的理念和原则应对不确定性

面对不确定的未来,企业需遵循若干核心理念和原则,它们是一个企业的根本价值观。如果把企业所遵循的理念和遵守的原则统称为企业规则的话,它们属于规则中的规则,我将其称为"元规则"。元规则是共性规律,是人类在与环境的互动中沉淀下来,指导与确保种群、社会生存与发展的基本方针和导向。有些朋友也许会问:这些理念和原则难道会延续千年甚至更长时间吗?当然,元规则也会更新,但更新的节奏较慢,因为它高度抽象,跨越了不同时空。企业一些较为具体的经营管理政策,不仅需经过事后的实践验证,也需事先用元规则来判断。中外优秀文化为我们提供了宝贵的元规则资源,如中国文化传统中的"道法自然""仁者爱人""知行合一""自强不息""格物致知"等;如其他民族文化传统中理性、抽象化、符合逻辑的科学方法等。

今天及未来,企业应遵循的"元规则",于外是顾客价值理念和原则,于内是组织能力理念和原则;于事是科学理念和原则,于人是人本理念和原则,即以科学方法做事,以君子之道待人。而真正的君子之道是基于人性尊重人、关怀人、激发人、成就人。外部越是混沌喧扰,我们就越是要坚持管理向善、管理抑恶。这些理念和原则是方向指引,是不可逾越的边界,是保证组织长治久安的基石。而且"元规则"越清晰,创新、变革就越是有依据。企业领导者对待"元规则"的态度越坚定,企业就越是走在正确的道路上。

遵循公理性的理念和原则,意味着做出了正确的文化选择。这是企业长期进化、成长的关键。人类基于生存需要而选择了直立行走。企业组织成为什么,很大程度上是基于企业组织成员尤其是企业领导者希望它成为什么。

2. 回归原点

我们在迷惘和困惑时,只能回到初始的问题:谁是我们的顾客?我们的顾客需要什么?我们需要为顾客创造什么价值?有时候企业的路已经走偏了,回归原点,意味着正本清源,反而可以为未来成长找到新的起点。

在当前供给充分、消费者地位和认知提升、市场高度竞争的背景下,对顾客价值必须有一个全新的认知。任何顾客价值优势或价值纰漏，由于互联网传播机制的作用，都会出现"其兴也勃焉，其亡也忽焉"的现象。因此，对顾客价值的认知要更加精准，也要更加慎重。顾客价值的创新需更加贴合顾客需求的变化：顾客价值的载体和形态要更加完美；顾客价值的实现方式要更加简便；顾客价值的来源和基础要更加丰富和坚实——无论是技术的，还是管理的，抑或是文化的、历史的。为顾客创造的体验场景要更加真实、更加细致、更具质感，过程的展开更加立体、更加出人意料、更加灵活多变。为提升顾客价值需投入更密集、更强劲、更大规模的资源。

中国的企业需向美国企业学习战略的结构性创新——主要是商业模式的创新。同时，还需向日本企业、德国企业学习对产品品质精益求精。把好产品做出来，切实尊重顾客权益，就一定能得到顾客的热烈回应。回归原点，回归经营层面最基础、最核心的元素，即产品（服务）以及产品（服务）价值，是许多企业赢得未来的重要原则及动作。

3. 着眼长期，保持战略清醒

预知未来，基本的方法是分析因果。分析过去的因、今天的因，将来会生成什么样的果。分析什么是主因，什么是次因；分析多种矛盾的因如何相互作用；分析因中的因。在由复杂因果关系构成的外部环境中，存在小概率事件。但我们不能将希望寄托在小概率之上,对于未来大概率可能出现的事件,要坚定不移地进行准备。这是着眼长期、保持战略清醒的基本认知方式。

保持战略清醒,意味着不能陷入战略迷思:

- **不要到处找机会**。不少人是这山望着那山高。除了少数需求严重萎缩的行业、在经济结构调整中被淘汰的落后产业(如非环境友好型产业)外,大部分行业都有机会,也都很难做。立足本行业,做专做深、做精做透,做出不同凡响的顾客价值,是大多数中小企业的正路。倒不一定要成为隐形冠军,但可以成为行业中的佼佼者,在纵向产业链的某个环节站住脚,或在某些产品(服务)领域取得一定的优势。最好能砍掉一些枝枝蔓蔓的非主流业务或产品(服务)品类,在主业里、在主流品类上做出壁垒:既形成对手难以模仿的顾客价值优势,也构筑价值优势的基础和条件。这里还是讲的聚焦压强原则。其实,只要方向明确,市场定位和价值定位清晰,每一个战略动作扎实做好,不断积累优势,就一定能使企业的成长空间越来越宽阔。而结构性的战略创新也一定会水到渠成。

- **不要担心起点低**。在已有产品价值以及品质、工艺、技术等的基础上,通过迭代,每次改进一小步(当然,能升级一大步更好,但大部分企业做不到),长此以往,就会聚沙成塔，产生显著效果。越往后，进步的速度就会越快。持续的小进步，必然引发企业生存发展模式及能力的突变。每一次迭代，意味着产品、工艺、品质、技术、服务等细节上的改善；连续的改善，可以使企业和环境同步变化。即使外部环境变化较大，企业转型需要"拐陡弯"，那也需要分解步伐，一小步一小步地移动。因此，企业发展起点低并不重要，关键是要一直走在迭代的路上。

- 不要经常改变战略。要增强战略的稳定性。不能一会儿膨胀，一会儿收缩；一会儿转向这里，一会儿转向那里。的确，处理战略变与不变的关系，是企业决策的难题。首先，辨识影响战略的变量/元素属性。区分内外部影响企业成长的长期变量和短期变量，据此组合短期目标和长期目标，前者不能违背、损害后者。与此相关，区分内外部未来保持不变的元素和容易发生变化的元素，据此将战略行为区分为长期基础性的行为和短期应对性的行为。其次，处理战略悖论。面对环境变化，有的时候要以变制变，以先变制后变；有的时候则需沉住气，以不变应万变，让子弹飞一会儿。"既要……又要……"的两难矛盾，不同场景下的差异判断和决策，以及同一场景下叠加多种战略意图的决策，依赖企业领导者长期的经验积累、思维训练以及直觉智慧。最后，学会慢思考。这里的"慢"，并不是指时间上的拖延，而是深思熟虑、反复考量，精细、精准地进行模型建构、沙盘演练、博弈模拟以及结果推算。越是环境变幻莫测，就越是要慢思考、深思考、提高认知密度。经过慢思考所产生的战略思维和经过深思熟虑后做出的战略决策，在实施过程中变化的可能性较小。

- **不要陷入战略幻想**。大部分企业战略选择的边界及约束条件是清晰的，可选择的方向和空间是有限的。因此，战略目标不能不切实际，战略路径不能漫无边际。尤其对一些学历高、科学家型的企业创始人来说，乌托邦式的追求常常妨碍、制约了企业发展。同时，也不能从概念出发做出"高、大、上"的战略构想。例如，生态化战略——构建产业生态，成为产业生态的平台以及产业的组织者、标准制定者——只是极少数企业的战略选项。对绝大多数企业来说，可以有生态眼光，在产业及市场生态上找到自身生存和发展的空间和位置（"被生态"）。"被生态"的企业，战略任务是培育独特专长，找到自己的活法，在顾客价值某个（某些）维度上领先；或者在目标市场上具有性价比优势。"被生态"并不是无所作为，而是可以用自己的努力，推动产业生态进步。再比如，共生战略对大部分中小企业来说很难操作。大部分领域，市场增量红利消失，产业集中化程度加剧，竞争强度正在迅速加大。身在其中的企业只能积极应对，必须敢于竞争。需厘清竞争中赢的逻辑，找到从胜利走向胜利的战法。共生战略可以作为竞争战略的补充，适用于伙伴网络和合作联盟。将来，仗是越来越难打了，这就需要我们锤炼更强劲的战斗力。专、精、特、新，是大部分优秀企业的成长方向。

- 不要出现重大战略性决策风险。这种风险是企业最大的、致命的风险。如何避免？对企业来说，需有民主、科学的决策程序，需有挑错辩驳的蓝军机制㊀，需有真实可信的信息来源。对企业领导者而言，关键是要听取"明白人"（真正的专家）的意见，容忍别人提出不同意见，欢迎下属共同讨论；同时在决策实践中形成有效解决问题的认知和思维方式。决策者的认知密度——每项决策中的思考广度、深度和强度，是其领导力的核心要素，也是企业健康发展的关键所在。企业领导者在决策时最需要避免的是：情况不明决心大，思路不清想法多。

4. 以创新思维破局

企业在成长过程中，常常会被某种结构所困。外部的竞

㊀ 蓝军机制是一种内部战略对抗与纠错体系，主要用于提升企业的决策质量和创新能力。——编者注

争结构导致内卷，内部的利益结构导致僵化，而企业领导者的陈旧、封闭使组织陷入停滞。破解企业经营管理方面（尤其是战略方面）的困局，只有一个途径：创新。而创新的方式、路径、成效，又取决于创新者的创新思维。

从不同角度、侧面、层次谈创新思维的论述很多。这里，我针对企业领导者的决策特点和场景，提出3种创新思维：

- 破界思维。破什么界？对企业领导者来说，第一，打破产品（服务）的价值边界。任何产品（服务）都有特定的价值含义和效用边界。价值破界意味着产品（服务）的价值定义发生转移，价值组合发生变化，原有的价值边界变得模糊，价值维度数目增加并向前延伸。山再也不是那座山，河再也不是那条河。产品（服务）的价值边界一旦被打破，需求空间就会被创造出来，产品（服务）就会获得新的生命。第二，打破价值链边界。打破企业内部价值链边界，企业就可以把自己不擅长的价值活动让渡给合作者，自己只掌握具有专长的价值创造环节；同时，制定内外价值链共同遵守的标准，创造内外价值链共享资源的平台；必要时将管理延伸至上下游合作伙伴，双方之间既按市场化原则进行交易，也按一体化方式统一管理。第三，打破产业链边界。思考战略时，不仅要打破价值链边界，而且要跨出原有产业链边界。纵向跨越，意味着向上下游延伸；横向跨越，意味着以技术、知识产权（IP）、品牌、顾客流量为纽带和土壤，发展生态化的多元产业。土壤（平台）越是肥沃，生长于其上的树木就越是茁壮；平台赋能范围越宽，树木品种就越多，从而蔚然成林。第四，打破资源边界。从全社会角度，整合利用企业外部资源：既包括需求侧的顾客资源，也包括供给侧的生产者、服务者资源。通过共享性商业平台，把需求、供给两侧的分散资源整合起来，既能创造社会价值，也能获得巨大的平台收益。未来可共享的主要是各种各样的人力资源。短工外包、知识服务外包等是具有市场前景的商业模式。第五，打破竞争边界。今天出现的内卷基本上发生于直接竞争者之间。这些竞争者属于同一战略群组。现在，我们需要把视线投向行业不同的战略群组，投向本行业以外的潜在竞争者（替代者）。门口的野蛮人（颠覆者）未必是同一行业或相关行业的熟客，可能是闻所未闻、见所未见的陌生人。如果回到20年前，谁能想到现金支付会被手机电子支付所颠覆（当然，还没有完全替代）；谁又能想到，这打击了一个古老的犯罪行为——偷窃。当下，对不同市场、行业的竞争参与者来说，竞争的边界已经变得非常模糊。第六，打破组织边界。按照科斯定律[4]，组织的边界取决于资源配置的两种机制——市场交易和组织内部管控——哪一种成本更高。

如果内部管控成本高,那么可以把某些活动让渡给市场(外部化),从而缩减组织规模,将组织边界内移;如果市场交易成本高——主要由信息不对称引起,那么就将某些外部活动纳入组织(内部化),从而扩充组织规模,将组织边界外移。互联网尤其是数字化时代的到来,减少了信息不对称现象,降低了社会连接及交易的成本,企业完全可以通过外部化的方式实现与内部化相同的结果;反之亦然。现在这两种机制叠加了:对外部活动实施一体化管理,对内部活动引入市场化机制。小米的孵化业务,就兼具外部化和内部化的特征。

- 升维思维。这里所说的升维,通俗地说,就是指增加维度和变量,多一些角度看问题。首先,升维意味着提升认知的高度和层次。只有升到山顶,才能看到山的背面(多了一个维度)。不识庐山真面目,只缘身在此山中。只有在空中俯瞰,才能辨识整个庐山山脉的走势。概括地说,只有升维,才能认清事物的全貌(包含前后左右多个维度)。其次,升维意味着事物形态的改变。在平面地图上看飞机航线,看不出距离长短。在三维地球仪上看飞机航线,才对距离一目了然。我第一次从北京乘飞机去美国,飞行前以为飞机要横穿太平洋,其实,飞机一路向北,到了北极圈内,经白令海峡,再向南进入加拿大空域。这个例子启发我们:升维可以揭示事情的真相。再次，升维意味着对事物有更加细致和准确的把握。如果维度较少，每个维度信息笼统，我们就很难区别出主要变量、次要变量，也区别不出变量之间的联系。升维可以体现事物的细节，可以反映事物全面、复杂的因果关系。而将因果关系简单化，是最常见的思维误区之一。一些历史研究者用单一因果关系解释历史演变，看上去逻辑简单、清晰，实际上完全缺乏解释力。最后，升维可以使我们找到与多个变量相适应的算法，从而解决疑难问题。在低维情况下，有时无法建立模型、准确计算。例如，世间万物，分阴阳两端，相互转化，循环往复。这样的模型无论是否包含大道、奥义，都很难通过计算解决问题。可以这样说，只有升维，才能找到算法。

- 归零思维。这里的"归零"和前面所说的"回归原点"含义不同。"原点"是指起点，而"零"则是指"空"。这里从认知角度将"空"定义为没有先入为主的观点、没有未经验证的假设、没有习惯拖累及路径依赖的一种思维状态。显然，只有"空"，我们才能不受干扰地思索事物的真谛；只有"空"，我们才能无阻无碍地汲取各种营养；只有"空"，我们的思维才能在无限的范围内遨游驰骋，才能产生想象力；只有"空"，我们才能明心见性，焕发与生俱来的认知结构的效能。从具体思维方式的角度来说，归零是去除杂念的静默，是深度沉浸的凝思，是身心一体的放松，是清澈澄明的空杯，是无碍无挂的自由，是不带成见的认知，是不知不觉的顿悟。

5. 改进我们的学习

进化就是学习，学习就是进化。不学习就没有未来。但是目前不少企业存在学习效果差的问题。企业领导者花了大量资源、时间和精力到处学习，但学习投入并没有转换为实际的绩效和成果。有的时候，越学越困惑，越学越焦虑。关于学习，需解决 3 个问题：

其一，学什么？时间和精力是企业领导者最稀缺的资源，必须花在创造顾客价值上。对企业领导者和管理人员而言，目前需要学的，不是那些深不可测的"道"，也不是大而无当的新概念，而是基础性、专业性的管理知识和方法。但是，这些知识和方法往往是枯燥的、不性感以及高度细节化的，要靠长时间学习才能累积。由于学习知识和方法太难，许多企业领导者不愿学也学不会，因此总是投机性地想到外面取点"大经"。

其二，如何学？学习专业、实用的方法，要在干中学，要带着问题学，要在实践的一线和现场学，要和同事、下属一起学，要系统、深入、高强度地学。知识和方法学得多了，学习者内在的逻辑和认知体系也就建立起来了。接触、研究的案例多了，经验丰富了，就能总结出一些具有普遍性的道理，进而概括出通用模型和模板。王阳明云："心在事上磨。"把事磨透了，心智打开了，心力也就有了，继而可以磨更多、更难、更大的事。有的企业领导者热衷于游学，其实就是走马观花地跑一圈，学不到什么真知灼见。

其三，如何学以致用？有一种现象是，老板学习了外部经验，不考虑企业的实际情况和条件，生搬硬套，要么无法融于企业价值创造过程之中，要么产生了严重弊端。学习阿米巴模式，每个机构都被作为利益、交换主体独立核算，彼此之间以交易方式产生连接，结果出现内部割裂、交易成本过高等问题。学习华为的集成产品开发流程，不考虑自身产品（服务）特点和能力基础，弄得体系过重、结构过于复杂，影响了效率及流程效果。学习海尔的小微组织，在外部缺市场机会、内部缺人才的情况下，推行内部创业和自组织模式，几年下来，分散了资源，没有抓住战略性机会，搞得一地鸡毛。

我们千万不能天真地认为外面有什么"灵丹妙药"。这其实是一种投机思维。无论什么经验，都需结合企业实际，在理解经营管理客观规律的基础上进行创造性转换。不能教条化地把一些新概念导入经营管理实践，不能追求时髦。例如，流行的中台组织的概念，适用于业务、产品（服务）多样化且存在统一的技术基础的场景，业务单一的中小企业没有构建的必要。此外，也不能急于求成，需要一个知识模块、一个知识模块扎实垒好，真正做到融会贯通。对于一些通用方法，应用时除了要因地制宜外，还需做得细、做得深、做得实，最终做到位、做出成果。

企业的长期进化和成长，依赖不断更新的知识和智慧。一个企业所需的知识，绝大多数都存在于与自身相关联的产业链、价值网络和生态体系之中。企业所需的智慧，来源于基于实践的深度思考，来源于开放、民主的学习机制。只有通过持续、反复的讨论或辩论，才能激发、汇集群体的经验和智慧。既不能完全迷信经验和智慧源于一线，也不能完全依赖决策层的高瞻远瞩。通过上下联动、内外交互，就有可能发现事物的真相、本源和规律。此外，应鼓励从不引人注目的细节处开始的边缘性创新，以分布式（多中心）的组织结构引发知识和智慧的生成。

第二章

企业战略转型路线图

企业战略转型的方向

在多重周期叠加的时代大背景下(参见本书第一章),当下许多中小企业,甚至一些规模较大、历史悠久、在行业中居于领先地位的企业,都面临战略转型的任务。只有转型才能穿越周期、超越内卷。战略转型这个主题的提出已经有10多年了[5],许多企业依然走在战略转型的路上,进展并不顺利,有的甚至还没有启动。这里,我有必要再次分析、强调这一时代话题。

根据中小企业的实际情况,下面提出其战略转型的若干方向。

1. 追求价值目标

过去四十多年,整个中国市场以及国外市场的规模都在膨胀、放大。以往,追求规模有一定的依据和道理。企业要在市场膨胀的契机下迅速做大,这无可厚非。当市场收缩的时候，还去追求规模目标，边际产出会非常小，甚至是负数。所以，一定要转向价值目标。这意味着企业要从外延式扩张，转变为内涵式的、有内在依据的、有技术支撑的、有管理含量的成长。而价值目标就其本质而言，就是以顾客价值为导向，为顾客创造独特的差异化价值。从企业经营角度看，就是要使产品（服务）具有合乎顾客期望的附加值。无差异化价值的成本竞争和价格竞争，是内卷的主要表现。

创造顾客价值不是一句口号，而是要找到顾客价值的源泉。产品（服务）为什么会有附加值？这是有依据的。有些朋友喜欢奢侈品，花钱买很贵的包，并没有觉得受到了欺骗，反而还兴致勃勃。原因是什么呢？因为奢侈品的附加值来自设计、审美等方面。它们能给予消费者心理价值。除此之外，产品附加值还来源于技术和独特的资源。技术创造价值自不待言，它是差异化价值的主要来源。而独特的资源包括自然资源、人文历史资源等。

2. 实现产品、客户双升级

企业在低附加值的狭窄空间内，是没有发展可言的。欲保持和提高附加值，就需实现产品、客户的升级。这可能是当下最有针对性、最响亮的企业发展主题。那么，为什么叫双升级呢？这是指产品、客户的双向牵引、相互增强：客户档次越来越高，就会使产品的品质、技术含量以及附加价值得到持续提升；而产品越来越好，又可以推动客户档次的提升。这种向双向升级的努力，是中国企业正在做的事。比如某些传统的铜加工企业，它们就正在尽可能地进行产品升级，并嵌入全球著名品牌的供应链。这是一条可行的道路，可以帮助企业在过去比较低端的经营模式基础上实现阶梯式升级。

产品、客户双升级的途径之一是品牌化。品牌也能够产生附加值。中国一些贫困地区，有很多非常好的资源，尤其是农产品资源。如何把它们品牌化，如何提升它们的认知价值，是一个非常重要的问题。

3. 占据产业链的有利位置

过往一段时间内，人们热衷于讨论"后发"是优势还是劣势。我认为无须讨论，甚至不用做特别深入的思考，就能够得出结论：后发的劣势肯定大于优势，因为一切都没有基础。

改革开放之初，中国实体经济和制造业基本都是从产业链最不利的位置切入的。大家都知道，产业链包括上游、中游和下游。微笑曲线中，在产业链的上游（曲线左侧）或下游（曲线右侧）的位置，产品的附加值最高。就电子产业而言，微笑曲线的左侧是芯片、软件设计，它们的附加值最高；而在微笑曲线的右侧，即产业链下游的营销或客户服务，附加值也比较高。

为什么联想电脑在中国市场的附加值要远远高于世界上

的其他市场呢？联想在全国县级市场乃至镇级市场都有完善的服务网络，它的附加值不完全来自电脑本身，这与它的服务体系有关。

对大多数中国企业来说，往往只能从微笑曲线的底部（组装、加工）开始，这个位置的产品附加值肯定是很低的。有一些人痛骂中国企业的这种模式，指责这些企业没有追求，只能做低端环节，不去争取掌握品牌、通路、技术等。这样说有道理吗？从表象来看，能理解。但是从历史的角度来看，这其实是在唱高调。因为不具备技术基础，中小企业只能从这样一个起点开始，这是客观条件所决定的。

富士康在离郑州新郑机场不远的地方建了大片的厂房，招募了大量河南籍的年轻农民工。富士康的工厂门口时常有十八九岁的年轻人在等待招聘。他们可能没有什么学历，也没什么职业技能，生活在贫困地区。如果没有这样一种契机，他们如何融入现代社会？中国企业的发展，可以说很大程度上是靠人力资本积累起来的，离开了这样一个基本的认知，都是空谈。

我们不能嘲笑中国的企业家，说他们"low"（低端），因为我们只能从这个地方起步。但是，企业要发展，就不能总是容忍自己处于这样一种不利的位置上。企业不甘居于微笑曲线的底部，就只能向两侧拼命移动。比如中国的半导体产业，起步于封装环节。这个环节的技术含量较低（近年来随着

AI相关的芯片产业的发展，封装技术含量也在变大）。但是，从这个地方做起，把基础打稳之后，企业就可以逐渐开始向微笑曲线的左侧移动，比如进入晶圆加工、芯片设计等环节。这个过程一定是很漫长的，不可能轻而易举地实现，但它又具有重要的战略意义。近年来我国的华为、中芯国际、北方华创等企业，就分别在芯片设计、晶圆加工、半导体设备制造领域取得重大进展。令人欣喜的是，在更多的领域，中国的一些企业家已经成为我们的开路先锋，他们先知先觉，更早地尝试了向上游延伸，有些产业目前已经看到了成功的曙光。

企业一旦占据了产业链的有利位置，就掌握了制定产业标准的主动权。微笑曲线的左上方、右上方是产业链的最佳位置。处在这两个位置的企业，要么掌握了核心技术，以技术为依托制定标准；要么掌握了顾客资源，能够基于顾客需求来制定行业和产品标准。制定了标准，企业就可以引领产业生态的发展。产业就像是一片沃土，上面有树、有草，有阳光雨露，有各种动物。未来的企业要么"被生态""被平台"，要么自己搭生态、建平台。而生态型、平台型企业的主要标志是标准的制定者。

4. 从模仿走向自主创新

在企业发展的初始阶段，模仿并不丢人。但是，一个企业如果永远在模仿别人的产品,这是令人不齿的。有的手机企业最初面向市场的时候,在技术上找不到卖点,干脆在手机上镶几颗钻,叫钻石手机。当然,这也是一种生存的智慧,是一种无奈之举。在我们不掌握核心技术的时候,显示屏、线路板、芯片、电池都要靠进口,我们的企业怎么创新呢?只能换个颜色、搞个概念,仅此而已。

深圳的华强北路,曾经云集了大量的山寨电子产品企业,硬件模仿能力强、模仿速度非常快。在模仿的过程中,中国企业打下了自主研发手机产品的基础。有些企业逐步形成了自己的创新能力。从最开始简单的组装,慢慢向核心零部件渗透。经过不懈努力,一些企业已经具备了芯片自主研发、自主生产的能力,并且已经开发出底部操作系统。

目前,在消费品领域,国产产品已经基本替代了进口产品。我们已经很难看到一定要使用哪种外国消费品品牌的现象。但是,在工业品领域,比如一些设备、材料等,仍然没有实现或没有完全实现进口替代。相关企业任重道远,需要脚踏实地、坚韧不拔地前行。比较快的方法是收购或兼并,这样可以达到青出于蓝又胜于蓝的目的。美的集团收购了德国机器人企业库卡,短期内财务压力较大,但从长期角度看,大大缩短了我国机器人产业追赶、替代的时间。不过,从目前一些发达国家的限制政策来看,收购或兼并的机会将越来越少。解决"卡脖子"问题,还是要依靠自主创新。

5. 升级竞争优势

中国企业在转型成长过程中,要从具备初级的竞争优势向具备中级、高级的竞争优势升级。所谓初级优势,主要体现在两个方面。第一是营销策略。有些企业家,包括比较引人注目的李东生(TCL 创始人)、段永平(步步高创始人)等,从家电、电子产品起步,创业的时候几乎一无所有。资金有一点,不多,核心技术谈不上,甚至连一个工厂都没有。他们所面对的,只有大量的中国消费者。他们欲将市场资源转化为企业收益,就一定要借助营销组合策略,比如,精准的市场定位、适合国情的产品卖点、掌控终端的深度分销等。第二是低要素成本。这是我国追赶型企业在国际分工中的优势所在。

中国企业不能老是依托初级优势生存和发展,必须迅速建立中级优势,即体系性优势。拥有这种优势意味着企业发展有要素的支撑,有专业能力的支撑,有管理体系的支撑。这时,不能仅仅凭借营销策略,也不能仅仅依靠低要素成本,而是要在营销和技术双轮驱动下,实现有质量的增长。

到了具备高级竞争优势阶段,企业形成了结构性优势。一方面是指企业整体的产业链结构有了优势:或者有全产业链的优势;或者有产业链的位置优势,占据了产业链的制高点;或者构建了产业级的基础平台,营造了产业生态。另一方面是指产品或服务的商业模式优势。商业模式是不可模仿的，是企业核心能力的组成部分。结构性优势一旦积累起来，就会形成壁垒。到了具有结构性优势的阶段，企业并不能说高枕无忧，但相对而言，一般的风浪已经不能把企业击倒了。很可惜的是，目前，拥有结构性优势的企业凤毛麟角。

6. 成为适应性企业

借鉴生物进化的理论，企业要从被动生存型组织转向主动适应型组织。适者生存。任何动物都必须利用自身优势，去寻找生态位。

在非洲草原旅游的时候，我最不喜欢的动物是鬣狗（特指斑鬣狗），因为它长得非常难看，获取猎物的方式不精彩，甚至有些猥琐。但在撒哈拉以南非洲的草原上，其种群尚能维系。

鬣狗的前肢较长，后肢较短，跑得不快，但耐力极强，面对猎物，能坚持追数十公里。鬣狗头大、脖子粗，咬合力大，可以咬碎猎物的骨骼，吸到骨髓。它们的消化系统强劲，没有新鲜食物的时候，作为补充，腐物也能吃。鬣狗的食物来源广泛，且母鬣狗奶水营养丰富，对小鬣狗来说，形成了一种保护机制。此外，母鬣狗的哺乳期长达 14 至 18 个月，这样就减少了小鬣狗被豹子、狮子咬死的风险。这就是鬣狗的生存模式。这对于企业，尤其是中小企业，是有启发意义的。在激烈的竞争环境下如何生存？有几项长处，就不难活下来。

企业面对不确定的环境，怎样能够成为适应型组织呢？

首先要有前瞻性，要有预知变化的能力。其次，要不断给组织赋能，激发组织的活力。再次，反馈式学习。发现新问题，不断摸索、思考。将思考的成果应用于实践，发现不对，立即着手改进。只有持续地、反馈式地学习，企业才能动态适应环境变化。最后，在大环境变化的时候，企业的价值观不能出错。尤其是在混沌期，辨不清东西南北，指导企业前进的，就只有价值观和原则。在战略转型的入口，只能在价值观的引领下，坚持往前走，走着走着，也许就会柳暗花明。

7. 打造三重共同体

对企业而言，需从个人型组织转向共同体组织。有些企业家还有土皇帝思想：企业是我的，我可以随心所欲。这种思想显然是错的。任何企业都具有公共属性。因此我提出，企业在转型时，要将自己打造为三重共同体。

首先，企业要成为利益共同体，要广泛分享。既要分享利益，也要分享利益的转化形态——权力。国内外的企业实践都能够证明，股权越分散，利益越均衡，企业的运营效率往往越高。

很多企业创始人害怕大权旁落，更担心实际控制人地位被改变。当然，实际控制人的改变有时候会导致企业发展受到影响。但是辩证地看,如果实际控制人完全没有可能受到冲击,那么这个企业还有什么变革的可能性呢?门口的"野蛮人",客观上看,是企业的一个纠错机制,它们可以时刻监督企业领导者:为什么不好好干?为什么市值这么低?为什么不关注中小投资者的利益?等等。企业不遵守道德规范,罔顾客户价值,就一定会受到教训,这是很简单的道理。

其次,企业要变为事业共同体。企业员工,尤其是核心层和骨干,要有抱负,要有共同的目标。最起码要保证产品(服务)的品质,得到顾客的认同,能够持续盈利。

最后,企业的最高境界是成为使命共同体。整个组织和团队有承担社会责任的使命追求。只有追求更高远的使命和理想,企业才能够在不断造福社会的过程中,得到社会的回馈与支持。

二

跃迁:从机会成长到系统成长

对大多数中小企业来说,从机会成长到系统成长,是战略转型的主要内容。这是一个时代性的课题。

1. 企业成长的 5 阶段模型

我和苗兆光博士合著的《企业成长导航》[6]一书中，根据中国若干企业的实践，提出了中国企业成长的 5 阶段模型（见图 2-1）。其中最关键的演变，是从机会成长"跳"（跃迁）到系统成长。

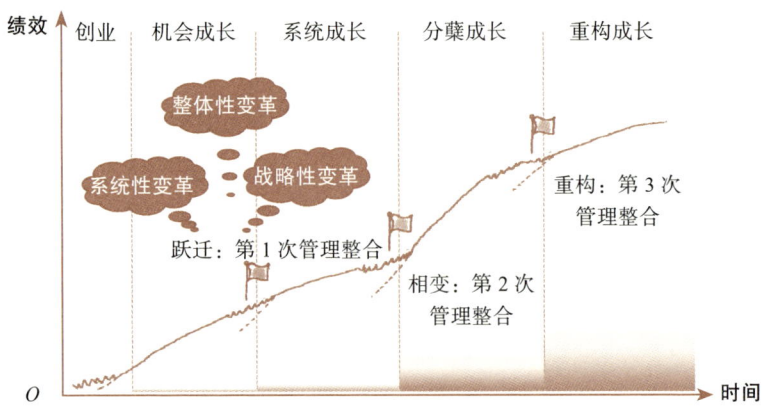

图 2-1　企业成长的 5 个阶段、3 次整合

在图 2-1 中，跃迁是指系统性、整体性、战略性的变革，是介于机会成长和系统成长之间的第一次管理整合。第二次管理整合，我称之为相变，是指企业的结构、形态发生了变化。经过系统成长，当主营业务在市场上具有领先地位时，企业就需进行多元化业务扩张，实现分蘖成长。相变——构建多层次经营主体，设计分权型管理体制——是分蘖成长的

前提。在分蘖成长阶段，企业的多元化业务可能已经实现了全球领先，这个时候就要进行第三次管理整合，即战略和组织的双维重构。它意味着二次创业和重构成长。

2. 什么是机会成长？什么是系统成长

机会成长主要是指依托外部市场和产业机会的成长。在这一成长阶段，企业获得了市场和产业容量增长的红利。经过了几十年的发展，在庞大的企业群体中，出现过一些创新型企业，成长主要依赖内在的技术能力，但大部分企业都没能达到这样的层次，它们基本上是改革开放时代的产物。未来，我们要走向系统成长，其主要特征是可以穿越外部市场和产业周期。它包括了战略成长和能力成长。

战略成长的主要含义是：有比较清晰的战略方向（愿景、意图、目标），能找到增长的逻辑和路径，实现从战略洞察/思想、战略规划到战略实施/执行的价值创造循环。通过这样的循环，在战略管理周期内（可能是 3 年，也可能是 5 年，更长的可达 10 年），企业能够收获符合期望的成果。

能力成长是指企业的研产销价值链在行业内已具备优势和实力，具有人、财、物要素的基础和保证。这里的"物"可以是技术，也可以是数据等。同时，企业具有动态竞争壁垒和核心专长，竞争者在短期内难以超越。"动态"意味着壁垒不是绝对的，不是永久性的。企业有了核心专长，依托技术和创意,能获取较高的附加值乃至超额利润。在市场不景气和产业衰退周期内,企业依然能够生存,甚至还能实现增长。

系统成长之所以冠以"系统",是因为这一阶段的成长具有整体性、关联性、结构性以及适应性特征。具体包括:

- 战略和组织相匹配;
- 价值创造各模块相契合,一致性强;
- 运行高效、顺畅;
- 通过合作,组织产生了 1+1 > 2 的系统效应,可以依赖组织的力量实现持续成长;
- 在大的环境之下能够敏捷反应、动态适应,与产业生态有着良性互动。能够顺应产业的发展规律和趋势,同时还能够引领产业的发展;
- 有可能成为特定业务的市场领先者和产业领导者。

3. 什么是跃迁

跃迁是量子力学领域的概念,本来含义是量子系统中的粒子(如原子、电子)发生跳跃式变化的过程。这一过程是非连续的,伴随着能量吸收或释放,即从低能态转向高能态(或与之相反)。它一般被认为是概率性的。以原子跃迁为例,事先无法判定某个原子发生跃迁的时间。既然是跃迁,意味着它是瞬时发生的。

最早将这个词引入管理学的,大概是德鲁克的《为成果而管理》一书。书中描绘了这样一种场景：企业陷入失衡状态，其中最严重的失衡状态是企业连最起码的规模都达不到。德鲁克说："这种企业哪怕产品再好，也只能处于边缘地位。解决这种恶性循环的唯一办法就是'跳跃'。这是一种量子跳跃，要一步就从一种规模跨入另外一种规模。"[3]德鲁克原文用的就是"跃迁"(quantum jump)，只是翻译不同。

德鲁克是从规模的角度来认识跃迁的。而我所理解的跃迁，并不完全是指规模的变化，它还包括企业结构、属性、成长方式的变化。这是一种定性的概括。就内容而言，跃迁是指企业从机会成长阶段向系统成长阶段的跨越。如果实现了这惊险的"一跳"，企业就可以不惧内卷，最终超越内卷。

跃迁也是企业成长的内在要求，是逻辑和实践的统一。它既源于外部条件的变化，同时也是内在发展规律所致。中国企业在后发和追赶情形下先抓住机会，实现经营规模的快速扩大，这是一个机会牵引能力的过程，是改革开放以来中国企业成长的必由之路。但是即便没有环境的压力，企业也是要扩大规模、提高经营质量和竞争壁垒的。在这样的背景下，所有企业均需培育能力、打造组织，进入新的成长阶段，其背后所隐藏的核心假设是企业的生命周期。

我们经常会怀念自己的少年时期，但不得不长大成人。长大成人的过程很痛苦，但是我们别无选择。企业也一样，总是要长大。所以，我们得出了以下16字结论：大势所趋，时不我待；成长规律，无可遁避。

4. 跃迁是非连续性变化

跃迁不是组织基因的常态化的演变，不是缓慢的、渐进式、连续性的基因变化，而是由环境变化触发的基因非连续性变化。从跃迁的特征看，它是一种突变。这一点非常重要。跃迁不是机会成长阶段量的长期积累，而是质的变化。有些企业度过创业期之后，长期处于机会成长阶段。我所见过的企业中，有的处在这个阶段最长达40年，也就是说，40年都没有发生跃迁。这说明不进行全面系统的变革，企业永远不可能实现系统成长。

跃迁通常需要在较短的时间内完成，以空间换时间。从一般角度看，变革要循序渐进，要拐大弯。这个"拐大弯"是柳传志先生以前提出来的。但如果产业和市场不允许我们拐大弯，怎么办？我在《重生：中国企业的战略转型》[5]一书中对此有过专门的论述，提出我们要善于"拐陡弯"。现在的"弯"可能比以前更陡了，需要我们积极开动脑筋，安全、高效地把企业从原有轨道换到新的轨道上来，通过跃迁实现组织机能的结构性变化、企业生存和发展模式的升维。旧轨道和新轨道好比普通铁路和高速铁路，无论基础结构、动力系统还是通信装置等，都是不同的。

既然跃迁是一种质变和突变，那一定是一个有目的的、主动的、短周期的组织行为。要跨越机会成长和系统成长之间的鸿沟，难以通过自组织机制，以自然而然的方式实现，必须依靠组织中的变革主体（领导者和广大员工）强力干预和参与。人体也是这样，有些指标不在正常值范围内，出现了病症，通过锻炼身体和控制饮食难以缓解或解决，必须进行外部干预，比如动手术或药物治疗。当我们下了几步关键的棋，使结构产生变化，形成新的势能之后，可以借助自组织机制放大变革的效果，加快变革的速度。

突变意味着变化的过程被浓缩了。这个时候，要有节奏地调整组织系统的元素和变量，快速形成新的结构、机制和机理。如果变革时间过长，内部结构似变非变，多种力量相互纠缠，新的主导力量迟迟不能确立，企业就有可能陷入长期的混乱状态。

5. 跃迁的六个变化标志

企业从机会成长阶段跨越到系统成长阶段，会发生哪些变化呢？在此我概括了六个变化，它们是跃迁的标志。

第一，从依赖机会到依赖能力；

第二，从以奇胜到以正合。过去企业主要靠营销策略、市场推广取得市场优势，现在需通过管理手段夯实基础、培育各项能力，从而实现持续成长和高质量发展；

第三，从人治走向法治；

第四,从单一元素牵引成长到多元素协同成长。渠道网络、制造成本、产品品质等都是单一元素。而现在,成长的牵引力量变成了多元素的组合;

第五,从无核心专长到有核心专长。在过往存在外部市场红利的情况下,企业没有必要发展核心专长,只要达到平均水平就能生存,就可以分享行业利益。而在"内卷"的环境下,企业的能力和经营质量必须远高于平均线,形成人无我有的专长;

第六,从企业家驱动到组织驱动。没有组织驱动,就无法跃迁,或者说组织驱动本身就是一种跨越。

6. 如何跃迁

跃迁属于企业战略性变革,是一个包含多个战略性任务、动作的系统工程。根据多家企业的跃迁实践,我总结了跃迁的操作模型:3 项任务,6 个动作。

3 项任务分为 3 个层次

组织基石:完善治理结构和决策机制;

牵引机制:明确战略方向和核心价值理念;

主要途径:培育能力,建立体系,实现法治。

6 个动作包括

战略深化:进一步梳理企业战略,确定战略方向和重要战略措施,形成战略共识。

构建高层团队和民主决策机制：组建能力互补、各司其职但又紧密配合的高管团队；构建、实施充分讨论、集思广益、有明确议事规则（例如投票制）的企业重大事项民主决策机制。

组织企业文化成人礼：梳理企业核心价值观，对过往成功经验和存在问题进行文化归因；提出牵引企业成长的使命、愿景；明确组织基本规则；通过"知—信—行"方案使企业文化落地、生根、开花、结果，为未来发展打下坚实基础。这是企业组织"长大成人"的标志。

提高人才密度：根据未来战略，改变人员结构，提高优秀人才占比；以更有吸引力的激励机制引进一流人才，尤其是顶级专家人才。

构建管理体系和专业职能：逐步构建以流程为主要内容的管理体系；完善组织形态及架构设计、管理体制及机制安排；积累管理技术及工具、模板及方法；实现从人治到法治的转变；使企业从权力驱动变为流程驱动（打造流程型组织）和机制驱动（使自组织机制产生作用）。

打造核心资源平台：积累和开发知识、技术、数据、客户、外部合作网络等核心资源。针对核心资源，构建规范、标准化程度较高、可实现资源共享共用的服务平台、数智系统平台及管理平台；为企业能力成长提供支撑和保障。

三
企业战略转型的关键

企业战略转型的关键是企业领导者。他们的使命情怀、价值理念、胸怀品格、认知方式以及行为习惯,决定了其所在企业战略转型的成败以及未来的兴衰。

1. 使命是企业转型的第一驱动力

中国的民营企业家在几十年前刚开始创业的时候,大部分的创业动机是积累财富。当财富诉求基本得以实现,下一步必须进行动机转换。企业爬坡要靠什么力量来引领?这是中国企业转型面临的最大的问题。

我接触过的一些民营上市公司的董事长和CEO,他们的年龄大多在55岁到65岁之间。这是一个尴尬的年龄段,岁数不大不小,身体不好不坏。退休,过每天喝茶、旅游的日子,他们觉得不甘心。但是,继续往前走,又感觉力不从心。很多老板都跟我诉苦:别人看我八面威风,指挥着一个上市公司,数百亿元的市值,似乎过的是挥金如土的日子,殊不知,我每天工作十几个小时,各种问题层出不穷。言谈间充满了无奈和焦虑。这就是心力的问题。

要引领一个庞大的企业向前发展，没有非常强大的心力是不行的。引领组织越过障碍并进入新的天地，要靠事业情怀、使命感和一些终极的追求。只有这样，财务自由的所谓成功人士、奋斗到心力交瘁的中年人才能继续带领企业向前走。驱动力的问题解决了，企业战略转型才有可能实现。所以，使命是企业转型的第一驱动力。

2. 转型需要战略认知力

企业家缺乏战略认知力，与中国企业和企业家的成长背景有关。从恢复高考制度开始一直到20世纪90年代初，大部分的大学生毕业以后都去了国家机关、大专院校、研究机构和国有企业。在那个年代，下海创业的大学生较少。而那时的许多创业者来自草根阶层，他们敏锐、有勇气、直觉好，能够抓住机遇，成为改革开放以后最早的一批企业家。但是，在如今这个时代，企业面临更多、更加复杂的挑战。企业需要充分地理解一个庞大的战略分析框架，清晰地认知和思考战略问题，并妥善地处理众多战略变量。在当今大变革、"内卷化"的背景下，只有这样才能把企业做好。这何其难也。而相当一部分企业家并不具备这种认知能力。有的朋友也许会说，企业家不需要懂这么多。企业家的确不需要每件事都亲力亲为，但他一定要懂框架和逻辑，对关键战略问题的思考颗粒度应够细。否则，他就无法驾驭企业和管理团队。

中国人民大学有一批老师跟华为有长期的合作关系。有时候和他们聚会会谈到，下一个任正非在哪里？大家都认为，任正非这样的企业家太稀缺了。这种企业家的出现需要天时、地利、人和多种条件。企业领导者的能力结构有不同程度的差异，他们到处学习，以期进一步提高。但是，林林总总的新概念层出不穷，颠覆性的时代又有着无穷的新问题，有些企业家的思想体系非但没有因学习而更加澄明，反而越来越混乱，因而把企业也搞乱了。所以，企业家一定要带着问题去学习，学习科学、系统的管理方法，致力于真正地解决问题。这个过程很艰苦，也很漫长。有些年岁较长、知识基础薄弱的企业家，已不大可能学会，那就只能让位于接班人了。

3. 企业家胸怀的边界，就是企业成长的边界

本书第一章提到企业领导者领导力不足的表现之一，即缺"量"的问题，这里继续强调说明这一与胸怀、格局相关的问题。

第一，分权不足是企业转型的最大障碍

企业不能建立起一种内部信任机制，无法形成一个规范的管控机制，自然就没有办法分权。企业家大权不能旁落，又要把小权掌控在手，久而久之，便形成了习惯。这个习惯体现在企业管理的方方面面，在一些细枝末节上表现明显。例如，老板请客户吃饭，客户坐在哪里、喝什么酒，手下人

都不敢决定，要等老板决定。为这样的企业做顾问，我感到为难。一方面，受职业经理人之托，要负责"影响"他们的老板，期待老板适当地授权；另一方面，老板给我压力，抱怨下面的人不得力，难以授权。在企业内部，老板与职业经理人之间的诉求有时是矛盾的，很难找到平衡点。有的老板有比较高的"慧根"，能够慢慢地"悟"出来；有的老板并没有这样的智慧，外部专家能对他们施加的影响非常有限。

在这里，我也要替老板（企业创始人）们说几句话。很多企业没有真正的企业文化，内部长期奉行的实际上是丛林法则。有些老板深知一些下属的特点，吃过不少亏，担心道德风险过大，因此在分权问题上踟蹰不前。

第二，利益分享的范围较窄，强度较弱

很多上市公司的第一大股东控制着60%甚至70%的股份。一些长期跟老板干的"老臣"只有很少的股份，甚至没有股份。一些老板总觉得下属能力不行，不能享有很多股份；一些老板担心一旦公司上市股份解禁，很多人会"躺平"；一些老板担心分钱分多了，员工会缺乏奋斗精神。总而言之，他们会找许多理由证明自己不分享是正确的。其实，这都是格局小的体现。

相对而言，分利比分权更容易解决。企业创始人往往不愿意分权给别人，因为权力是生命本身，而利益的确是身外之物。受到任正非这类企业家的影响，这几年，很多老板理

解了财散人聚的道理，认识到有必要适当分利。

第三，企业文化的开放度、包容度不够

一些成长于较偏僻地区的企业，企业文化封闭的问题尤为突出。深圳是一座有魅力的城市，它主要由外来人口构成，靠近港澳地区，所以深圳的企业文化开放度相对较高。我们看到，千亿元级的创新企业很多诞生于粤港澳大湾区，如华为、比亚迪、美的、TCL等。一个很重要的原因是这些企业能容纳不同的人。而某些文化封闭的企业，不仅不能容纳差异化的理念，就连外在的一些符号性的行为也不能容纳。有些企业从小地方发展起来，企业内部习惯使用方言，新来的员工说普通话，就难以融入。

4. 坚决摒弃投机主义

中国企业转型最核心的一点是要摒弃投机主义。这是我出版过的一本书《重生：中国企业的战略转型》[5]的主题。中国人不缺乏智慧，但往往会急于求成，试图走捷径，希望"毕其功于一役"，对基础和积累重视不足。

很多企业家问我，华为怎么那么好？华为的管理为什么成体系？这是华为用了几十年时间一点一滴积累而成的，是依靠大量投入建立起来的。而有些企业不想投入，不愿花工夫，又幻想管理大厦一夜建成，这怎么可能呢？有一些企业忙于捞浮财，业务结构很多元，但不相关。什么业务赚钱——实际上也只是看上去赚钱——就去干什么业务；哪个地方有政府补贴，就去哪里发展。这不是战略导向的行为，而是利益的寻租。

投机一旦成为习惯，要想转型并踏踏实实地走正路就不太容易了。一些企业家也明白千里之行始于足下的道理。但到了真正实践的时候，还是想要大步流星、弯道超越，还是不能真正去掉浮躁、去掉虚妄。这是妨碍企业战略转型的最大问题。

5. 收敛经营目标

在不确定的环境下，往往需要降低目标和期望，不能超越外部、内部限制条件和因素去制定激进的经营目标。与此相关联，要采取聚焦战略：产业要聚焦，产品要聚焦，顾客要聚焦……一切都要聚焦。中小企业只有聚焦，才能够获胜，才能更专业。

收敛经营目标，意味着保持财务稳健。企业要去杠杆，清理有毒资产，而且要尽快；也要从长周期角度优化资产负债表。

6. 依靠团队力量

转型需要勇气和信心，要有坚定信念，但企业领导者不能有自我神化、高高在上、壮怀激烈、试图力挽狂澜的英雄情结，不能以自我为中心，而是要依靠团队。要找到转型的主导力量，在组织内部发现、重用、支持转型的新人。要形成转型共识，通过企业文化建设动作，使上下同欲，认识到转型的必要性，使转型的动作更加一致、更加有力。

7. 快速积累能力

产业处于下行周期时，战略趋于稳健是必需的，也是必然的。但是与此同时，需快速积累能力，聚焦发展某些核心能力。这一方面是为产业走出下行周期后做准备；另一方面也是为了平稳、安全地穿越产业下行周期。产业越是困难，获取优秀人才的难度及代价可能就越低，这恰恰是逆周期成长的机会。快速积累能力，需要企业在战略目标牵引下，在条件具备的情况下，敢于在人才引进、开发上加大投入，提高员工的分享程度；致力于提升效率，减少员工的绝对工作时间，降低员工的劳动强度；激发员工工作的自主性和内驱力；同时，尽快构建管理体系、设计管理机制，以空间换时间，使组织能力实现跃迁。需要特别指出的是，以人为本不能停留在口头上。要敢于在人才上大赌大赢。宁可在有形要素（土地、设备等）上少投入，也要在无形要素（能力、知识）上多投入。

8. 把握转型节奏

这轮经济周期是一个长周期，可能会持续很长的时间，不能期待外部市场环境很快好转。因此，转型时不能急躁，不能急于求成，不能把问题简单化，但也要避免畏首畏尾、患得患失。很多企业在原有模式的舒适区内产生了惰性和路径依赖，不愿意真正改变。此外，既得利益者也会拖累、制约企业转型。如果企业家在转型操作中缺乏智慧，分寸掌握不当（"灰度"没掌握好），导致利益不平衡，很可能还没有变革，内部已方寸大乱。这是企业转型过程中需极力规避的事情。

第三章

以创新突破增长

01
产品价值创新

无论是保住或扩大现有市场空间，还是寻找、开发新的市场空间，抑或是激发、创造前所未有的需求前景，产品价值创新从来都是最重要、最有效的途径之一。市场越是不景气，竞争越是白热化，越是要回归产品，将其作为竞争和发展的基石。本章所说的产品，在大部分语境下都是广义的：既包括物理形态的实体产品，也包括物流、金融、技术咨询这样的服务产品，还包括实体产品和服务产品相融合的解决方案产品（例如制造服务、数字化服务等）；少数语境下，产品指狭义的实体产品。结合上下文可以清晰地将其辨识出来。

如何进行产品价值创新？产品价值创新有哪些可以借鉴的方法？下面我们探讨几个产品价值创新的路径。

1. 重新定义产品

在当今 AI（人工智能）时代背景下，或许我们对任何产品都需重新审视，重新对其本质属性给出定义。产品定义是产品价值定位、价值组合以及功能、结构、形态的本质性、基础性规定，是产品价值创新的基本原则、根本指引和前提，是产品市场空间大小以及前景的内在依据。尤其对一些市场正在消失的传统行业产品而言，重新定义产品是其重获生命的有效手段。

产品定义是产品价值定位（主张）、价值组合以及商业模式的基础。有了产品定义，就可以设计出产品价值创造机制以及商业模式。由此可见，在特定业务范围内，重新定义产品，属于基础性创新。

下面，我举几个重新定义产品的例子：

重新定义图书。在电子书籍、AI大模型、信息平台的冲击下，纸质书籍的读者越来越少。纸质图书还有前途吗？长期以来，人们认为：书是知识的载体，读书是获取知识的途径。但图书还有什么其他作用吗？还能满足其他需求吗？通过对图书市场的观察发现，书籍越来越精美。对很多人来说，未来图书的主要价值未必是阅读，它可以是一种收藏品，也可以是一种社交工具，甚至是一种装饰用品。目前，已有地产商把样板间客厅的背景墙打造成整体书柜。书籍很有可能会成为读者彰显社会地位、价值观、生活态度和生活方式的标志，成为读者人生经历的标签。以我本人为例，有的时候买书并不是为了阅读，可能是为了满足自己特殊的情感需求。

很早以前，上海有一位作家叫李肇正，他同时也是一位中学教师。20多年前，我在刚刚成为一名大学教师的时候，读过他的中篇小说。他的作品对上海底层百姓生活的描述真切自然、细致入微。可惜的是，这位作家英年早逝。后来，每当我看到他的著作再版，一定会去购买并保存起来。这算是一种纯私人的纪念吧。

未来的图书领域，可能要从选题、内容、装帧等多方面考虑到更多特定人群和特定场景的需要。

重新定义手表和眼镜。大家都知道，手表作为传统的计时工具，已经被手机等产品严重替代。那么，手表怎么办？如何激发消费者对手表的新的需求呢？显然不能继续在计时功能上做文章了。瑞士的斯沃琪手表曾作为"首饰"面向年轻一代消费者，带来了一次手表的革命。而今天，时尚手表的首饰功能似乎也不再新鲜，具有多种功能的智能手表成为市场主流。这种手表是什么呢？它是生活的伴侣。与此类似的例子是眼镜。智能眼镜的主要功能显然不是改善视力，而是使消费者透过它看到虚拟世界（虚拟现实、增强现实）的广阔、立体、深远景象，它变成了消费者的视觉体验平台。

重新定义线下商业形态。我们再来看看被电子商务冲击得节节败退的线下商业形态。线下商业形态要想获得生路，必须找到一个不可能被电子商务替代的经营模式。就近年来日本等国的情况来看，大部分线下商业形态都不景气，但社区周边的 24 小时便利店却保持了良好的发展势头。很显然，这与对便利店的重新定义有关。现在的便利店已经不仅仅是售货场所了，而是"第二生活居所"（由日本 7-Eleven 定义）。

老年人因为普遍休息得较早，所以显然不会是"第二生活居所"针对的对象。便利店主要针对的是城市里的年轻人，可能是单身人士，也可能是情侣或者小夫妻。他们可以在便利店吃早餐和晚餐。我们设想一个具体场景：几个年轻人，晚上看足球比赛前，下楼去买点吃的东西，边吃边看球赛。未来的便利店里，食品的比重会加大，方便食品、速热食品和鲜切水果等商品会大幅度增加。

在我国香港，我专门观察过一些大型的 Shopping Mall（商业综合体），它集购物、餐饮、运动、娱乐（观看电影等）等功能于一体，大多是与地铁等交通枢纽连接在一起的。香港人习惯流连于此，它通常到深夜仍然灯火通明、人头攒动。可见，香港的 Shopping Mall 与传统商业中心的定义有所不同，它是居民生活场所的延展。近年来，由于线下商业形态之间的竞争更加激烈，一些商业综合体开始尝试新的模式，例如将商场和艺术展览馆融合在一起，或将商业中心变成巨大的主题娱乐体验场所。

上面我列举的都是消费品领域的例子。就工业品而言，在某些情形下，也要对产品进行重新定义，尤其是硬件躯体里注入了人工智能软件之后。未来生产的装备可能不再是人的体力的延伸,而是人的智力的补充,是自主实现功能、生产产品的自律系统。

产品的重新定义,往往体现了产品对顾客在新的场景下的核心需求的回应。重新定义产品,有两个缘由:一是技术进步使产品具有了新的功能,同时也使产品的结构、形态发生了相应变化。新技术创造出的新功能,打开了新的需求空间,从而使产品获得新的定义。这就是智能手表、智能眼镜的叙事。二是消费人群结构、社会生活方式发生变化,从而引发产品定义发生变化。前面讲的线下商业形态的重新定义就是例证。两种重新定义产品的路径参见图 3-1。

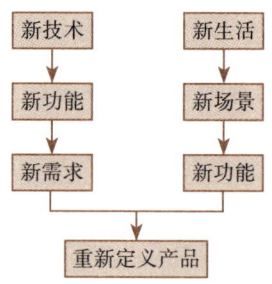

图 3-1　重新定义产品的两种路径

图 3-1 中的两种路径,都有发现需求和创造需求的意味。左侧的路径,从新技术到新需求,这是供给创造需求;右侧的路径,从新生活到新功能,这是需求创造供给。

2. 选择产品价值创新（价值差异化）维度

任何一个产品的总价值都是多种子价值的组合，都可以分解为若干个价值维度。例如家用汽车的价值维度可分为安全性、节能性、舒适性、可操控性、外观、售后服务等。每个价值维度又由若干个价值点所组成。不同的产品品类，价值维度的数量不同。汽车、手机、通信设备、智能机床等复杂产品的价值维度较多；瓶装水、衬衫等消费品的价值维度较少。

理论上说，任何品牌都可以在所有的价值维度上进行创新，对每一个价值维度都赋予它新的价值。但是这种情况极为罕见，既没有必要也没有可能。常见的做法是聚焦在一个或少数几个维度上（甚至是某个维度的少数几个创新点上）形成差异。而价值创新维度选择的依据，一是为顾客所关切；二是自身具有创新的能力基础和可行性；三是竞争对手各价值维度的状况。有的时候，可以增加全新的价值维度，这意味着产品价值范围的扩展，也属于价值维度的创新。需要指出的是，当产品品类的价值维度非常少时，往往会在最重要的维度上持续竞争，优胜者是提供极致价值者。例如，近年来瓶装水饮料的竞争主要是围绕水源及其水质进行的，一句"大自然的搬运工"，从水质维度诠释了瓶装水产品的本质属性（定义），其他竞争者很难在水质这一维度上超越。

分析产品价值时，有一个实用工具是价值曲线。它有两种形态：一是产品价值维度的重要性评价；二是产品价值维度的优势性评价（可以与竞争者的优势性评价叠加在一起）(见图 3-2 和图 3-3)。

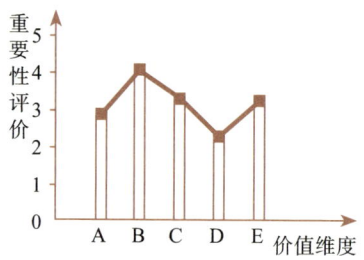

图 3-2　产品价值维度的重要性评价

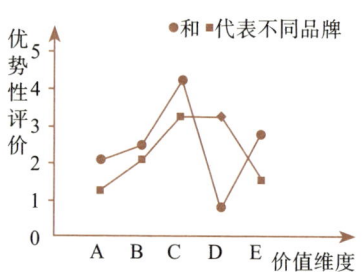

图 3-3　产品价值维度的优势性评价

图 3-2、图 3-3 中，某个产品品类的价值可以分解为 A、B、C、D、E 等多个维度。图 3-2 所示的重要性评价，是顾客对价值维度之于其自身意义和价值的评价（图中采用了 5 分制，亦可采用 10 分制或 100 分制）。将各个价值维度的重要性评价从大到小（或从小到大）排列起来，则形成排序型顾

客价值模型（它是顾客需求模型的映射）。顾客全部价值维度重要性的总评价，则是顾客对各种价值进行平衡后的总价值空间。

图 3-3 所示的优势性评价，是某品牌（企业）针对其某类产品在多个价值维度上的竞争优势的自我评价。如果在同一张评价图上，对多个品牌同类产品的多维度价值进行评价，则可以形成多条价值曲线。这样，我们就可以分析某品牌和其主要竞争品牌的总体优势（或劣势）以及各个维度的优势（或劣势）。而各个价值维度的重要性评价，可以作为某品牌产品总优势得分计算时的权重。

利用价值曲线或价值维度工具，我们可以进行产品价值创新：

——增加价值维度，使产品的价值组合更加丰富，这可称为价值叠加；

——减少价值维度，将创新聚焦在一个或少数几个维度上并进行更有针对性、更加专业化的创新，这可称为价值聚焦和价值细分；

——保持价值维度不变，保持价值的基本形态不变，在某个或某些价值维度上增加产品价值含量，实现产品价值非质变的程度上的提升，这可称为价值递进；

——改变大部分价值维度，或者改变主要、核心价值维度，使产品价值属性以及价值形态发生重大变化，这可称为价值重设（重新定义价值）。

目前较为流行的产品价值创新方法是设计思维。运用这一方法，提出新的价值构想时，也可以运用价值维度。先多维度设计出产品的价值空间，然后再设计各个价值维度上的价值点，形成顾客价值方案。经市场检验后再进行迭代。迭代时调整相关价值维度和价值点。

3. 提升顾客对价值的认知

任何顾客价值，均需经过顾客认知才能确定。也就是说，顾客不了解、不理解、不认可的价值，只是供给方的一厢情愿，不是真正的顾客价值。因此，影响、塑造、提升乃至改变顾客认知，也属于产品价值创新的范畴。它能激发、拓展顾客需求，延展需求周期，深化顾客关系。而这不仅与传播或沟通有关，也与产品的企划、开发、供应、服务有关。顾客认知价值并不外在于产品，仅仅呈现在宣传品上，而是融于产品的结构、功能和形态。可以这样说，知识含量就是产品价值的重要维度和元素。

产品即知识。按照这一理念，我们要把所有产品——无论是信息、知识形态或具有科技含量的产品（AI大模型、电子图书、线上语音等），还是传统消费品——都理解为知识的集成。因此，与顾客沟通的重点不在于产品的物质形态，而是在于产品包含的知识。与顾客进行有关产品知识的深入交

流，可以增强顾客对产品价值的信念；同时能打开顾客价值的纵深（表层知识后还有深层知识），从而增加产品的附加值。以我们常见的消费品实木地板为例，不能仅仅说明产品的基础特征（如安全、环保、舒适等），还要说明木种（柚木、香脂檀等）的特点，如种属、分布、性能等；甚至可以拟人化地描绘不同木种的"人格"特征（如挺拔、温润等），从而与顾客的精神世界相契合。

像衬衣这样的简单产品，在性能、款式上无法真正形成差异化。可以通过面料的差异化来提高产品附加值，但如果不是独家面料，也很难做到。这种情况下，可以讲一些设计师的故事，讲讲他们个人生活、工作的经历，讲讲他们的设计理念以及在设计过程中所受到的启发。这样做，对顾客而言，衬衫就会产生情感上的价值。

为了吸引顾客，当下很多旅游景区都讲起了历史或文化故事。武夷山上有几棵生长在岩壁之上的古茶树，是游客必去景点，从审美的角度，似乎谈不上新奇别致。但是，传说在古时，有一个赶考的书生途径武夷山，淋雨后感冒发烧，无法成行。他喝了从这几棵茶树上采下来的茶叶泡的茶后，身体痊愈，如期赴考。故事的结尾大家能猜到，一定是金榜题名。书生中了状元后，不忘古茶树之恩，上书皇帝，请御赐此树一名。皇帝下圣旨，命名为大红袍。这种美丽传说虽不可考，但符合人们对美好结局的想象和期待。这也与胖东来的经营理念"商品即故事"相吻合。

产品即体验。通过顾客参与和体验，能强化顾客对产品的理解，增强顾客对产品价值的喜爱和偏好；有助于顾客发现更多的需求场景，增加产品的使用数量和频次，延长产品的生命周期。在产品开发时，通过价值创造活动的开放机制，为顾客提供参与产品设计的条件，同时增强产品形态的开放性，使产品的结构、功能看（听）得见、摸得着，顾客可以动手试一试。在与顾客沟通时，拉长体验的过程，丰富体验的细节，提升体验的趣味性、互动性，使顾客在沉浸式体验中对产品有更加贴近、细致的感受，从而增大产品的黏性。

需要指出的是，产品即体验的理念并不仅仅适用于消费品。工业品的顾客及使用者是专业技术人员和专业操作人员，因此通过体验与顾客达成深度信任和默契更为重要。目前我国家电行业部分企业上下游之间已实现价值流信息和数据的即时连接，双方以可视化方式体验对方的价值创造过程，无疑有利于相互交流、提高效率（减少检验环节）、共同解决过程中出现的问题，增强彼此的信任。再以农产品为例，江西双胞胎集团在行业里有一个重大创新，就是做对比试验。它在卖饲料之前，先让一些农民试用，喂给猪吃，然后与其他品牌相同品种饲料对比，看看吃哪家饲料猪长得更快，这种做法俗称"称猪算账"。耳听为虚、眼见为实，通过这种摆事实、讲道理的传播方式，农民看到数据，产生了信任。这些亲历过对比试验的农民再去帮企业做养殖户推广，形成了良好的口碑传播。

产品即符号。这一理念在产品战略上有两种体现：一是产品性能、形态本身具有文化含义，成为精神的象征，从而超越产品的具象，有了一定的抽象性和符号性。这样，产品的生命具有穿越时空的持久性，可以获得多代际顾客的喜爱，例如吉普汽车、哈雷摩托、明式家具等。二是产品和文化符号（有具体的载体）叠加在一起，或者说使产品成为文化符号的载体，从而使产品价值暴升。

日本的 Hello Kitty（凯蒂猫）是一个零售品牌，主要是为少男少女提供生活、学习用品，比如书包或者水杯，其产品本身的价值并不高。但是，通过一个永远不老的可爱小猫，以及围绕它发生的一系列故事，产品身价百倍。Hello Kitty 是爱与美的象征，它凝聚了很多人的美好情感，久而久之，在人们的心智空间留下了深刻烙印，并随着时间的推移，这烙印越发清晰，情感的沉淀就越来越深厚。这个时候，人们就不再是为一个产品付费，而是为这个文化符号、为自己的情感而付费。

Hello Kitty 与迪士尼相比还显得逊色，后者是全球规模第一的符号产业集团。根据我的观察，美国、日本都有通过文化符号提升认知价值的企业，而综观国内，类似的日用品、学习用品企业基本没有，当然这与我们动漫产业、内容及 IP

（知识产权）产业尚不发达有关。为数不多的几个传统符号，如哪吒、孙悟空等，还没有和商业化实体产品很好地叠加起来。以前，中国消费者本身对情感、审美的需求也比较弱，大家更看重产品的实用功能。但是未来，随着90后、00后的崛起，他们对符号价值会有更多诉求。所以尽管很难操作，但我仍然期待中国的企业能够在消费品上运用好文化符号。

4. 创新产品的应用场景

产品价值创新的第四种途径是进行情境创新或者场景创新。人们在使用某种产品时，都有一些约定俗成的对情境或者场景的规定。举一个服务领域的例子。过去人们看电影的场景主要是电影院（会堂）和露天广场。现在很多人喜欢在家中的家庭影院看电影。将来戴上智能眼镜，说得夸张一点，几乎可以在任何生活和工作场景里看电影。

产品创新的一般路径是：先进行功能性创新，基于新的功能再去寻找与之相吻合的应用场景。但是，反过来，先去开拓应用场景，再基于应用场景开发产品新的功能，在社会生活趋于复杂的今天，或许更有市场意义，因为新的场景意味着新的较为确定的需求。

在本节的第（1）部分，我讨论了重新定义产品。这也与新的产品应用场景有关。但是，重新定义产品往往意味着产品主要功能和基本属性的改变。而这里讲的创新应用场景，是指在产品主要功能和基本属性不变的前提下，发现产品更大的需求空间。

扩充产品的应用场景，可以带来两方面效应：第一，诱发更多的购买。因为人们在工作和生活中会遇到很多场景，针对每一种不同的情境，可以买与其相适应的产品品种；第二，提高产品的附加值。产品如果具有了应对某一种场景的特殊功能，差异化价值就形成了。比如欧米茄手表有一款产品的概念是深海潜水，尽管大部分消费者都不会潜水，但还是有很多人向往潜水。这种差异化是他们愿意付费的原因。

应用场景的创新有两个方向。前面讲的都是扩充场景，即做"加法"，还有一种是做"减法"——把原来某种没有经过细分的场景进行细分，然后有针对性地设计细分产品。例如普通的收音机，通常都是放在固定场所的，但是有一些中老年人出去散步的时候也想带上，这就是一个细分场景。针对这一场景，有的厂家专门设计了一款体积小、重量轻、便于携带、操作便捷的产品。老的产品，或者没有前景的产品，通过这种方式往往可以获得新的生命。对场景细分是生活细致化、生活质量提高的表现。多年以来，汽车行业的创新基本上是围绕细分场景进行的，许多厂家都推出了适用于不同场景的车型，如SUV（运动型多用途汽车）、MPV（多用途汽车）等。

再以装修行业为例，过往的服务项目主要是全屋装修。

随着新房的减少,现在不少装修公司开始提供局部(厨房、卫生间)改造服务。"局部"就是一个细分场景。

5. 创新顾客价值创造机制

企业的顾客价值创造机制(活动和流程)通常是内部化的,体现在集成产品开发(integrated product development,IPD)或产品生命周期管理(product lifecycle management,PLM)流程之中。这些流程都包括需求分析、产品企划、产品立项、产品开发等环节。流程是产品价值创新的必要条件,而依据流程分析需求、开发产品的人(更准确地说是他们的创新能力)是产品价值创新的充分条件。如果改变顾客价值创造机制——将其外部化,既改变流程,也改变主体——那么就有可能创新顾客价值。

企业如果有能力和条件,可以设计和运作价值网络、价值创造平台。这是一种外部化、生态化的顾客价值创造机制。基本模式是:在内外价值链以及外延价值网络上,掌握支配性资源/技术及标准,或定义最终顾客需求和价值,设计并运作众多内外部主体参与的价值创造的协同机制,以及内外部主体共享型激励机制,从而生成超越型顾客价值。所谓"超越",是指超越竞争者,具有坚实的市场壁垒和资源/技术护城河;同时,超越顾客期望,创造顾客需求。其价值创造的外部参与者越多,涉及的生态范围越宽阔,顾客价值的超越程度就越大。

外部主体（参与者）包括顾客以及其他各个领域有创意和创新能力的人。这种模式比较少见。一些特别复杂的高科技项目，往往采用这种开放式的多主体攻关协作的开发模式。

商业模式创新

商业模式在不同的语境下常常有不同的解释。在业务组合和构成层面，它通常指多种业务相关联形成的生态系统。如小米生态型业务结构，可以理解为一种商业模式。但是对商业模式的讨论，更多的是就某一个业务而言。当然还有更小的语境，那就是某个业务获得收益的环节，关注的是创造出来的价值如何获取收益。

这里，我把商业模式定义为针对目标顾客的价值和收益的对称；其所关注的核心问题是面对目标市场，如何创造顾客价值以及如何获得与顾客价值相匹配的收益。讨论的范围主要是在某一业务之内。特定业务的商业模式由与价值创造、收益获取的若干个元素、环节组成，是企业价值创造系统的结构及内在机理,是企业特定业务如何运行、如何产生成果的逻辑和故事。特定业务在商业模式演变和创新时,可能会超出原有的业务范围而导入、融合新的业务,因此商业模式创新不仅可以增强企业现有业务的优势、促进增长,而且能超越现有业务边界,发现更大的增长空间。

1. 商业模式的类型

价值链型

绝大多数企业的商业模式都属于这种类型。它是指企业为特定的目标市场(也可以称为细分市场)提供特定的价值,并通过销售获取回报。价值的载体是产品,依托企业的价值链、价值网络以及资源条件而生成。[7]

价值链型商业模式中,"规模经济"[8]是最传统的,也是大家最熟悉的。水泥、钢材、有色金属等无差异产品适用于这种商业模式。在规模经济模式下,谁的规模大,谁的效率高,谁就可能成为寡头。规模经济行业最终都会形成寡头垄断的格局。我国家电等大宗消费品行业,以国内大市场为依托,也形成了"大规模制造 + 大规模分销"的商业模式。

更多领域的商业模式表现为差异化价值模式。这意味着,不同企业的产品和服务有不同的价值,由于价值的差异,可以获得不同的回报。大部分消费品和差异化的工业品,包括餐饮、酒店等服务企业都采用了这种模式。差异化价值模式,如果考虑顾客的细分需求，则可以表现为规模化定制和个性化定制；如果产品快速创新和快速更替（短生命周期策略），则又有了"快时尚"的概念。

在规模经济和个性化定制之间，还有一个利基市场模式。利基市场或称为小众市场，是指那些被市场中的"统治者"和有优势的企业所忽略的某些有特殊需求的狭窄市场。如果区域足够大的话，利基市场也能形成一定的市场规模。我国有些利基产品，如小天才儿童电话手表，国内销售规模也达到了百亿元级。

顾客资源型

这种商业模式比前面所说的价值链型略为复杂一些。在互联网领域，这一模式较为普遍。先通过某种价值和某种途径来累积顾客资源或流量；当顾客资源累积到一定规模的时候，再为这些顾客提供延展的价值，并获得回报。

企业一开始为获取顾客资源或流量，常常采用低价甚至免费策略。当顾客资源或流量累积起来之后，再去考虑流量变现或者收入实现问题。比如信用卡业务，银行通过卡费减免或者优惠，积累了更多的顾客资源，再拓展到理财、购物、旅游、教育等服务项目，从中获取多元收入。

我们经常说的顾客资源型商业模式，实际上包含两段价值链。前面一段价值链是免费的，或者收费较低，真正收费的是顾客资源或流量积累起来之后的价值链。而后面一段可能不止有一个价值链。当后面的多个价值链中一部分对外部开放、由多个外部主体运营时，商业模式就演变成了平台型的。

传统行业中的企业往往积累了一些顾客资源（如会员），也可以基于此为顾客提供多重价值。这样的话，这些企业在价值链商业模式基础上，可以拓展顾客资源型和平台型商业模式。

平台型

平台型商业模式可以用六个字来概括："我搭台，你唱戏。"搭台的获取搭台的收益，唱戏的获取唱戏的收益。例如，剧院和演出团体的关系就是搭台与唱戏的关系，它们各有各的收入。在平台上，可以有多个顾客群，多个顾客群就构成了多边市场[9]。其中最典型的多边市场当属机场。机场有两类核心顾客，一类是航空公司，一类是乘客。这两类顾客又衍生出了多个顾客群，比如商家、广告公司、提供油品的公司、提供食物的公司、物流服务公司等。线上多边市场平台的典型是淘宝、拼多多等。从逻辑上来说，从一个顾客群开始，然后把其他顾客群吸引过来，从少到多，最终形成一个多边平台。

平台型商业模式种类很多，线上线下都有。常见的有基础设施平台，比如高速公路，它提供收费服务，上面有各种各样的车在跑，这些车是唱戏的。中国移动、中国电信提供通信服务，这是搭台。上面搭载了微信，还有很多其他的应用和服务，如音乐视频、订餐订房、地图导航等，这些都是唱戏的。中国移动、中国电信不甘于只做纯粹的管道平台，也试图做一些应用服务，那就相当于在自己搭的台上唱戏。

现实生活中，商业设施也是一个大的平台类型。比如城市购物中心、建材家居市场等，它们搭建了商业平台，销售及经营的是各品牌厂家垂直渠道机构或经销商、代理商。

我们现在谈到平台型，通常会讲到互联网平台。其中，最常见的是电子商务平台。阿里的天猫是一个平台，苹果手机的 App Store 也是一个平台。还有通信平台、社交平台、知识平台，比如微信、DeepSeek 等。它们往往能够吸引不同数量级的有共同需要或爱好的人群，以及为庞大流量提供服务的多种商业主体，构建多层次、立体、生态化的大舞台。此外，还有一些功能型的软件，例如微软视窗操作系统，是一个平台；IBM 的中间软件被应用于各个行业，由各个行业的专业服务机构继续进行客户化开发，也是一个平台。这里不一一列举了。

对非常渴望做平台的人来说，最想问的可能是：还有没有机会做平台？换句话说，还有哪些类型的平台可以尝试？

——基于顾客资源和顾客社区，吸引其他服务主体参与的平台。以著名的商学院为例，高端企业家资源是未来最有价值的资源之一。把 EMBA、MBA 以及总裁班学员等资源整合起来，以此为基础，引进有关服务机构、拓展服务内容，就有可能形成复合型、平台型的商业模式。这种平台化创新对服装、餐饮、旅游、零售等许多传统行业及企业来说，具有很强的可操作性。

——基于内部自组织、分布式创新和运作的平台。比如，有人创办了一所学校，允许任意创建内部学院，只要能够适应市场、招来生源。那么，在这所学校的内部，可能会有几十个学院竞相成长。这时，这所学校就变成了一个内部创业的平台。海尔等很多企业都在做类似的尝试。这种平台化创新，比较适合创意和内容产业，如影视、游戏、出版、设计等。

——基于分散资源，进行资源整合、交易撮合、顾客体验创新以及过程控制等的平台。这类平台的代表就是滴滴出行。它把分散的资源（出租车或者私家车）整合起来，进行交易撮合，提供新的顾客体验。并且，还可以监控消费过程。继民居、汽车、自行车等物质形态的分散资源之后，未来可整合的资源大多是人力资源和知识资源。

——基于产业联盟、产业协作体，提供多种服务的平台。比如钢铁产业平台，可以面向所有的钢铁企业提供基础性的交易服务及电子商务服务；也可以把行业内部企业客户联合起来，形成一个钢铁联盟，基于这个共同体，提供信息（数据）、培训、供应链金融等一系列服务。除钢铁行业外，在化工、陶瓷、包装、机电等许多领域，都出现了产业联盟的服务平台。

——更加垂直细分领域的 B2B、B2C 电子商务平台。先看 B2C 平台。近年来，直播电商的兴起给电子商务注入了新的活力；同时，随着电子商务渗透率的提高，内部细分必然发生。因此垂直电商平台发展较快。将来成为综合电商平台的机会越来越少，垂直细分市场将是电商平台角逐的主要机会空间。比如，在孤独经济背景下宠物电商品牌方兴未艾。再比如，潮流网购平台（如"得物"）、生鲜类电商平台（如"本来生活"）等在各自领域都有较大影响。再看 B2B 平台。除了集成性的综合性工业品电商平台外，工业品领域的垂直电商平台的格局与制造业分工大体一致。金属材料、化工材料、纺织面料、农产品原料等大宗物资，由于产品同质化严重，售后服务、包装、物流简单，其电商平台有一家独大的趋势，竞争非常激烈。细分品类繁多、上下游顾客数量巨大的机电设备及工具产品，天然适合线上交易，是当前及未来电商平台生存、发展的主航道。随着机器人等智能、精密装备的进一步发展，以专业性著称的垂直工业品电商平台将会不断从综合性平台中衍生出来。

——AI 时代的知识、信息服务平台。豆包、文心一言、Kimi、通义千问、智谱清言、天工 AI 等产品在市场上已经有了一席之地。DeepSeek 的横空出世，昭示着我国知识应用入口型平台有了历史性突破。未来，随着浏览器、搜索网站、微信及地图等平台的头部化，入口型平台的机会已经微乎其微。但是，AI领域大模型的出现，使知识应用入口型平台这一黄金赛道的机会再次出现。可以预见未来将会有更多的同类大模型问世。谁是最终的优胜者，目前还难以断言，因为今天的优胜者未必是未来的优胜者。

2. 商业模式创新的路径

无论是哪一种类型的商业模式，创新的路径，要么以顾客和价值为起点，要么以交易和收入为起点。前者是基础层面的商业模式创新，即对商业模式基本问题（为谁创造价值、创造什么价值）的解决方案的创新。后者是商业模式中运营模式层面（交易结构和交易方式，比如与谁交易、如何交易、如何获得收益）的创新。

基础层面的商业模式创新

第一，创新顾客。通过重新定义顾客，寻找新的市场空间。人们熟悉的"破坏性创新"[10]——过去高高在上的产品，简化功能、降低价格后进入了平民市场——就属于此类创新。当然也可以反过来，原来的普通产品，进入了高端市场，比如一些特色农产品。

第二，创新顾客价值。创新的主要方向是价值的延伸（跨界）和场景化嬗变。当然也包括价值的全新创造，目前这种情形较为罕见。

第三，创新价值网络。创新顾客价值的生成和创造机制，以及顾客价值的源泉。在互联网以及工业 4.0 时代，价值网络的创新方向是使之变得更加柔性、更加敏捷、更加开放。

本章第 1 节谈到产品价值创新。大部分情形下，局部的产品价值创新不涉及价值链组合、价值链运营方式的结构性变化，因而不涉及商业模式创新。但是，如果基于新技术、新功能以及全新场景地重新定义顾客，那就很可能涉及商业模式创新。以眼镜为例，智能眼镜无论是研产销价值链还是关键要素、资源，和传统眼镜都相差甚大，两者基本上不属于同一个产业。

运营模式层面的商业模式创新

第一，从产品模式到运营模式。例如，生产大客车的企业不直接销售大巴车，而是以自营、合作经营等方式将大客车投入运营，从而获取顾客运输收入；提供高端复杂医疗设备的企业不卖设备，而是依托设备与医疗机构合作，成立专科治疗中心，分享医疗收入。我们经常看到的 BOT（建设—经营—转让）、EPC（合同能源管理）等模式，也属于运营模式。

第二，从交易模式到关系模式。大部分企业的商业模式都是简单的交易模式，尤其是在商品领域。顾客需要什么，就到商场或线上商店买回来，买完之后，交易就结束了。但是现在，企业可以借助互联网把交易过程延长，甚至可以延长到顾客的整个生命周期，使之成为终身顾客。这时候，企业与顾客之间的合作就不再是简单的交易模式，而是变成了一种关系模式。在当今许多产业内卷严重的情况下，许多企业从市场平面扩张转向深度挖掘，深挖顾客这眼"井"，保证持续有"水"可汲取上来。关系模式的主要形态是交易性社群运营（包括会员制）。社群黏性变大了，营销费用就会趋低，沟通效率就会提高。如果社群规模足够大，内部连接多了，就会形成自组织机制，衍生出顾客自己唱戏的平台型服务项目和商业模式。

第三，从分散服务模式到云服务模式。什么是分散服务模式？就是提供一单一单、一件一件、一个项目一个项目的服务。例如一些管理软件企业，以往的服务模式是分散的，针对每个客户提供特定的软件，有小型财务软件，也有大型的 ERP 系统等。目前，这类企业大多在转型，要成为云服务的提供商。云服务，即企业在云上建立一个资源池，资源池里有多种企业软件，包括工具、数据、技术、培训教材等，总而言之，是企业软件解决方案的集成。哪个企业有软件需要，就可以租赁使用权。未来，在教育、医疗、知识服务等领域，云服务将成为主流的运营模式和形态。

第四，从封闭模式到嵌入模式。英国 ARM 是芯片行业的知名企业，主要设计芯片的基础架构。ARM 的盈利模式是嵌入式的，它将芯片设计方案嵌入其他众多领域的芯片，比如高通的手机芯片。和传统芯片企业不同，ARM 不是把产品封闭起来，完成芯片的设计、加工、封装、销售等所有环节，而是将 IP（知识产权）嵌入宽阔的领域。它赚取的是知识产权收益，这是一个非常优异的收入模式。嵌入模式的嵌入要素除了基础性软件之外，还包括文学、艺术、设计等领域的多种知识产权，如将符号嵌入商品、将老故事嵌入新游戏、将设计元素嵌入跨界产品，等等。

3. 三种商业模式类型之间的转化

价值链型商业模式、顾客资源型商业模式和平台型商业模式之间可以相互转换。从前往后，是朝复杂化方向创新；从后往前，是朝简单化方向创新。价值链型商业模式下，顾客资源积累到一定程度，自然而然就会衍生出基于顾客资源的商业模式；为顾客资源提供的产品和服务类别多了，就可能导入外部的合作供应商，从而形成多边市场，平台型商业模式就此产生。

反过来，如果将平台型商业模式中外部合作伙伴提供的服务全部改为自营，不向其他经营主体收取平台费用，那么平台型商业模式就有可能转变为前两种商业模式。顾客资源型商业模式如果不在顾客资源上做文章，那就变成了简单的价值链型商业模式。当竞争趋于激烈，复杂商业模式超出能力边界以及不利于实施聚焦战略时，商业模式简化也是一个战略选项。

4. 商业模式创新的辩证法

最后，我们对商业模式创新做一个小结，其实就是四个字：兵无定法。里面蕴含着辩证法。不久前，我和几个朋友在浙江的一个县级市里用餐。第一天，我们在一个米其林餐厅就餐；第二天则去了路边的大食堂。前者提供的是创意菜品，后者则是现炒现卖，价格非常便宜。就商业模式而言，这两种都是成立的，不存在哪个更高级。商业模式只有成与败、有效和无效之分，没有高与低之分。

在软件领域，有人做封闭式，有人做开放式。在服装行业，有的企业做轻资产模式，有的企业做重资产模式；有的企业做快模式，有的企业做慢模式。比如全球快时尚品牌ZARA，每周都会上新的品种；而有的品牌一年就推出较少的几款新品，也获得了成功。在家用电器领域，有的企业愿意做"多"，品类极其丰富，有的则专注于一个或几个品类；有的品牌以线上交易为主，有的品牌则以线下销售为主。就商业模式而言，有的企业做复杂模式，有的企业则做简单模式。

在自由的、无边界的市场经济大平台上，商业模式的创新恰如万木生长，"争妍斗奇，故者未厌，而新者已盛"。

现有业务需求空间创新

现有业务未来的增长空间在哪里?这是经济面临下行压力时许多企业家关注的战略问题。增长空间并不是既定的,它有可能被创造出来。

我从现有市场谈起。现有市场(顾客或需求)是指产品目前定位和适配的市场。通常情况下,如果现有市场存在增量(即需求处于增长过程中),企业主要通过规模化竞争——扩大生产规模、扩展销售渠道、占据心理份额——获取增长;或者选择有增长性的细分市场,利用差异化价值巩固或扩大市场份额。在这种情形下,只要战略适合现有市场和竞争环境,组织能力能支撑战略实施,企业特定业务就可以分享市场增量红利。但是,一旦现有市场增量不复存在,变成存量市场,对参与竞争的企业来说,要么依靠效率和成本优势在行业内部加剧零和竞争,优胜者"卷"出市场份额;要么坚守细分市场,凭借产品的差异化价值,构筑竞争壁垒。这些都不属于增长空间创新。

市场的增长空间创新是指,在企业现有的市场范围(既定的人群,既定的场景,既定的需求)以外,从无到有创造出新的需求空间。也就是说,若不创新、不创造,这些需求空间便不存在。这个空间形成之初，主导需求空间创新的企业基本上没有竞争者，但当该空间具有一定的容量和需求规模后，必定有竞争者进入。从市场总体角度看，创造出来的新的需求空间，有的是现有市场以外的全新的新增市场，有的则是对现有市场有一定程度替代的新增市场（见图3-4）。

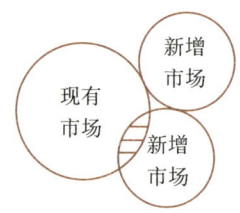

图 3-4　现有市场和新增市场

从企业角度看，如何创造需求空间呢？主要有以下几种方法：

1. 发现"水下的森林"

需求空间是存在的，只是一直未被人发现。谁率先拨开水面开采这片"水下的森林"，谁就能最早获得新的增长空间。饶有意味的是，即便是在高度成熟、竞争异常激烈的市场上，也总有一些细分空间被忽视。20世纪60年代后期，两个美国年轻人赫布·凯莱赫和罗林·金发现庞大的中小城市居民出行很不方便，于是创办了为他们服务的西南航空，从而创造了"空中巴士""廉价航空"的市场。近年来，中国的蜜雪冰城将冰激凌等代表都市生活方式的产品引入广大的三、四线城市（目前已拓展至东南亚国家市场），既时尚又便宜的产品和终端体验赢得了三、四线城市年轻人的喜爱。总的来说，将原本"高大上"的产品下沉至"低端"市场；或者反过来，将原本"低端"的产品递进至"高端"市场；或者将国内产品和与之相关的商业模式复制至国外市场，都属于潜在市场需求及增量空间的发现。当然，进入"水下的森林"，产品价值需根据顾客群体、需求场景的实际情况进行调整和创新。

2. 依据新的标志（变量）对市场重新分类

在特定的时点上，现有市场的内部分类是约定俗成的，分类的标志似乎已经穷尽。实际上，在市场经济发展的百年历史进程中，市场分类的标志一直在创新和变化。在消费品领域，从顾客群体的自然标志（性别、年龄等）、社会标志（职业、收入、生活区域、教育背景、宗教信仰等），到顾客群体的生活方式、心理标志，再到需求场景标志，每一次创新都代表着重大的营销创新。用新的标志对顾客进行划分，意味着切分出新的市场需求及增长空间。德鲁克在《为成果而管理》中曾经提醒我们关注"非顾客"——谁不是企业的顾客？他们有没有可能成为企业的顾客？而新的分类标志就是化非顾客为顾客的重要途径。它的实质在于从一种新的视角发现、寻找新的结构性市场机会。当然，依据新的分类标志并不总能切分出新市场，有的时候，这种努力未必符合市场需求，会遭遇失败，例如在笔记本电脑市场引入性别标志，到目前为止，鲜见女性专用电脑。但是成功的案例也不少见：以原材料供给的新鲜程度标志，切分出鲜牛肉火锅市场；以时间长度标志，切分出短剧市场；以顾客的旅游体验标志，切分出民宿市场；以探险体验场景标志，切分出户外产品市场。新的分类标志可以是供给侧的创新概念（产品和服务的新特征），也可以是需求侧的创新概念（新的场景、新的顾客标签、新的需求特质）。无论哪些标志，新的增长空间都需要和新的供给（创新性产品和服务）相匹配：要么新的需求空间催生新的供给；要么新的供给激发新的需求空间。

依据新的标志对市场重新分类和发现"水下的森林"的差别在于：前者是通过对市场重构，提出需求空间的假设。这个需求空间原先是不存在的，它被假设出来之后，须经受现实的考验——与其相对应的产品价值是否真正为顾客所接受、所需要。如果考验失败，那么假设出来的需求空间就不是真实的存在。而"水下的森林"是实实在在的需求，只是无人关注。只要产品价值定位准确、价格合适、性价比具有优势，就一定能受到市场青睐，从而实现销售增长。

新的分类标志切分市场失败（需求空间不存在）通常有两个原因：一是现有需求内部不存在显著差别，再分类没有意义。例如，使用笔记本电脑的顾客，男女需求基本相同，采用性别标志没有意义。二是产品的价值未能真正做到差异化，和新切出去的需求空间不匹配。还是以笔记本电脑为例，仅仅把颜色、造型变一变，是不足以让女性用户感兴趣的。

市场分类往往是不断细分的过程（可以称之为"细分化"）：第一次分类，第二次分类……它们代表了分类的不同层次。依据新的标志对市场重新分类，当然属于市场细分，但并不意味着细分化[一]，因为它可以在市场分类的不同层次发生：层次越高，新增的市场空间就越大；反之亦然。换言之，依据新的标志对市场重新分类，可以在任何市场细分层次上进行。在女装领域，通行的市场分类是少淑（18～25岁女性）、中淑（26～38岁女性）和大淑（38岁以上女性）。在此基础上，又可继续进行多层次的市场细分。出自浙江杭州的"飞鸟和新酒"品牌，定位于"少淑"市场，但它没有按地区风格（如"韩风""日系"等）细分，而是另辟蹊径，以心理标志（自然、自由、自主，"三自"）切分出自己的市场空间。"三自"具有强烈的风格性，与时代潮流以及"少淑"们的精神追求相吻合，且能在产品、终端等载体上呈现出来。这种心理标志在少淑服装市场上未曾出现过。一旦以此切分出的市场和产品创新价值相契合，产品的市场增长空间就会出现。

3. 以产品的时间价值拓展市场空间边界

这属于产品的生命周期策略。主要做法是：将产品平台

[一] 科特勒就不主张市场不断细分，因为这样会使市场空间越来越小。参见参考文献 [11]。

化（形成基础性的产品和服务架构、标准），在此基础上，不断进行产品迭代，即在基本属性不变的前提下，选择局部价值维度进行创新。这样的话，就使产品具有了时尚性，也就有了审美、功能等方向的时间价值——刚刚上市时，供货数量较少，只有少数消费者可以高价获得，他们获得了我有人无、率先使用以及向他人炫耀的心理价值。如同时令水果，总会有人吃最早上市的那一口——这既能够激发需求、拓展增长空间，又能延长产品的生命周期。日本丰田凯美瑞汽车目前已经到了第九代，随着产品创新，依然具有生命力。类似的例子还有华为手机 Mate 系列。

4. 新技术、新产品替代旧技术、旧产品

以新技术为基础的产品功能，虽然和过往产品的功能存在交集，但其结构、机理与过往产品相比已经有了重大变化，可以对过往产品功能形成不同程度的覆盖式替代。这种具有替代性新功能的产品所开辟出来的新市场，就是一个新的增长空间。正如乔布斯所说，我们无须向只见过马车的人询问交通需求问题，他们只会就马车提出看法；我们需要做的，是用火车替代马车[12]。火车所创造的市场，无论容量还是复杂性，显然传统马车都无法与之相比。在可以预见的未来，护理机器人（人形或其他形状）一定会较大比例地替代护理工人；具有 VR、AR 功能的眼镜一定会在一定程度上替代当下的电视机等视听设备。科学进步的过程，就是以新的市场空

间替代旧的市场空间的过程。在以 AI 为代表的新技术革命到来之际，新旧市场空间替换将是科技型企业的机会和风口。

5. 以产品创新突破市场边界

通过产品的功能、形态的创新，使与之对应的原有市场边界变得模糊，从而不断扩展应用场景和顾客人群，形成新的需求空间和市场的增量空间。以无人机为例，最早脱胎于航空模型，一开始它是孩子喜欢的玩具；随着功能越来越强大，逐步变成了低空航拍工具、轻量物品短距离运送机，乃至成为可以较长距离飞行、能承载较大重量、具有多种功能的作战武器。这类产品以及与之相关的服务通常具有基础性的硬件结构和软件系统，在其变化过程中，不断发育新的功能，寻找新的生存空间。类似的产品还有新材料产品，随着特定的物理、化学性能提升，不断扩大应用领域。

6. 以新技术创造新需求

在某种新技术及其应用出现之前，与之相对应的需求是不存在的。如果没有电的发明，怎么会有对电灯、电话、电视、电脑、电车等涉电产品的需求。新技术的发展孕育了多种全新功能和应用场景，创造了顾客，创造了需求。AI 技术未来会给人类带来什么，我们现在还无法预知。面对人形机器人，很多人还想不出它的应用场景。但随着相关技术的发展和 AI 的内嵌应用，它所创造的需求一定是极为广泛、极度细分和极为刚性的。让我们拭目以待。

需要指出的是，创造顾客、创造需求与顾客需求导向原则并不矛盾。顾客需求是分层次的。基础层面的顾客需求是抽象性、通用性、原则性的基本需要。如饿了要吃饭，困了要睡觉。对此，只能遵循而不能违背。基础层面之上的需求是顾客针对特定的、可选择的对象和途径的态度，通常称之为欲望。而欲望层面之上的需求是顾客在一定的收入约束下可以实现的期望，经济学将其定位为有效需求。创造顾客、创造需求是与顾客需求的第二、第三个层面相对应的；也就是说，企业通过创新具体的欲望对象、可选途径，可以创造出顾客欲望以及一定收入约束下的有效需求。在新的欲望对象、可选途径（即具有新功能、新价值的新产品）出现之前，不存在与之对应的需求空间以及明确的需求主体。

四

多元业务扩张

多元业务扩张是企业拓展新的增长空间的重要途径。许多企业的成长路线图中都存在培育和拉升第二曲线、第三曲线等的战略主题和动作。由于多元化业务扩张本身风险较大，现实中有许多失败的教训，人们对此常常有不同看法。总的来说，规模较大的企业大部分都走上了业务多元化之路。作为一种重要的战略选项，我们有必要对其进行深入分析。下面是与多元化战略相关的几个问题。

第一，什么情形下，企业需要发展多元业务？

深耕核心业务，还是拓展多元业务？这是一个没有定论、不同企业会给出不同答案的企业战略问题。从实践看，两个方向、两条路径均能成就优秀、卓越的企业（见图3-5）。对企业来说，做出的选择既与外部市场、产业环境有关，也与自身的能力、资源有关，还与企业领导者的个性、气质、追求有关。通常情况下，当现有主营业务的规模、体量及份额已经处于行业领先地位、增长空间已达极限时，就需要进入新的业务领域。但是，如果多元业务本身具有相互关联、彼此增强的整体性、结构性优势，对一些志存高远、能力较强的企业来说，创业阶段进行多元业务布局也是符合逻辑的（如小米、汇川技术等）。

第二，拓展多元业务，企业需具备什么条件？

主要需具备两个条件：一是企业需有在数量、质量方面均能适应多元业务发展要求的二级企业家人才；他们懂经营，善于带团队，能独当一面完成业务并开拓新任务。二是需有基础性的管理体系和管理平台，现有管理体系可以向新业务输出共享管理资源。

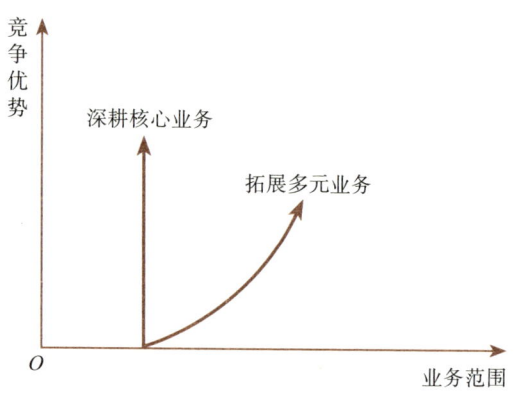

图 3-5 企业竞争力提升的不同路径

第三，拓展多元业务有哪些路径？

从操作角度看，通常有两条路径：一是内部孵化；二是收购兼并。前者所需时间较长、效率较低，但风险较小；后者以空间换时间，效率较高，但风险较大。两条路径均依赖企业的人才和管理基础。换言之，没有良好的人才和管理基础，两条路径均会失败。

第四，多元业务的构建逻辑是什么？

所谓构建逻辑，是指业务多元结构的内在联系、原因和依据，回答多元业务为什么如此构建的问题。存在逻辑关联的多元业务结构，可称为"相关"多元化；反之，则可称为"无关"多元化。多元化的不同逻辑可理解为业务多元化的不同方式。下面我们探讨的业务多元化范畴内的增长空间创新问题，均是在相关多元化的语境之下。

1. 将价值链某一优势环节独立出来

对主营业务已有一定优势的企业来说,可以将整个价值链上某个已经积累了一定基础的环节抽离出来,成为一项不仅仅对内服务、配套而且对外开放的独立业务。比如日本丰田汽车,从 20 世纪末到 2014 年,我曾去其名古屋工厂学习过 3 次。第一次去参观面包车老的生产线,那时车辆底部和顶部的焊接还是人工完成的。等到 2014 年最后一次去的时候,生产线上的电焊已经全部由机器臂来完成了。对人体有伤害的喷漆环节,也都用机器人操作替代了人工操作。对丰田汽车来说,以这些加工环节为基础,发育出通用性的机器人操作的加工业务,是顺理成章、水到渠成的事。原先的价值链某个内部环节一旦成了可自主发展的业务,必然会在机器人产业发展大背景下不断拓展新的市场及增长空间。

2. 依托企业内部某种资源、要素发展新兴业务

例如飞机发动机制造企业,很可能会进行叶片研究,并积累高温金属材料技术。基于这方面的技术,发动机制造企业可以孕育出高温金属材料业务。这方面的例子很多。金诚信是一家从事矿山巷道及生产设施建设的企业。在为客户提供服务的过程中,它积累了矿山运营和管理的经验和技术,据此发展出矿山托管和管理服务业务。总的来说,能够成为新业务基础的资源、要素,绝大多数属于知识性及知识产权

类。在文化创意、科研开发领域，这种创新增长空间的方式较为常见。

3. 以现有业务为基础，向产业链上下游延伸

企业某项业务所处的产业，是一个从上游到下游的庞大链条。任何企业都会出于内外部各种原因，将主营业务定位于产业链上的某个位置上或者某个范围之内。显然，从目前的位置向上游或下游延伸（即产业一体化），以前向整合或后向整合方式扩展业务边界（范围）以及增长空间，是常见的企业成长路径。问题在于企业前向整合和后向整合的长度：把哪些上游或下游环节包括进来了？以农牧产业为例，有的企业选择的是全产业链，例如正大集团的鸡蛋业务，从上游的育种、中游的养殖、下游的食品加工乃至食品零售，全部封闭起来自己完成（在企业内部形成由多个业务组成的集群）。有的企业选择的是半产业链或产业链中的某个环节，河南的牧原股份主要聚焦于养殖（生猪）业务；而双汇集团不介入养殖环节，主要从事食品加工业务。

企业业务"竖"（纵向业务范围）有多长——企业封闭产业链的程度，取决于以下几点：

第一，延长产业链有没有真正的经济意义。会不会帮助整个产业提升效率，有没有提升顾客价值；是否符合产业发展规律，等等。有些产业遵循产业链内竞争的规则，不同的

企业从事不同的环节，纵向一体化没有可行性。而有的产业则依循产业链之间竞争的规则，不封闭产业链，就不会有竞争力。像半导体这样的产业，从软件设计到晶圆加工每个环节的竞争都非常激烈，每个环节均需核心竞争力，因此，几乎没有企业能上下游通吃；绝大多数企业只能在产业的某一环节或层面积累能力、形成优势。这属于产业链内竞争。而像家电这样的产业，上游核心零部件和下游零售对全产业链有控制作用（上游制定技术标准，下游制定顾客标准），因此领先企业必然会向上下游延伸。这就属于产业链之间的竞争。

第二，延长产业链，是否有利于控制全产业链上的战略性要素，是否更加贴近下游顾客资源或上游供应链资源。几乎所有产业链都存在战略性制高点，它们对整个产业链具有决定性影响。其形态和载体可能是技术标准，也可能是顾客标准（顾客定位和顾客价值），还可能是某种稀缺性、垄断性资源和要素（原材料、零部件、底部软件、技术诀窍、渠道、媒体以及其他知识产权）。在这种情形下，企业存在向战略性要素所在的上游环节或下游环节延伸的战略需要。而前向整合意味着更加贴近最终用户，例如从四级供应商（4供）变为二级、三级供应商。后向整合则更加贴近上游核心原材料、零部件资源。

第三，延长价值链能否形成结构性优势。多个产业链环节形成了关联结构，那么，竞争对手无论模仿还是赶超都会困难一些。一个企业在产业链的若干个环节上都具有优势，并且相互关联，那么显而易见，它的产业链竞争基础就更加坚实。比如一家服装企业，它既有面料优势，又有设计优势，同时还有零售优势，这几种优势组合起来，一般的竞争者是很难超越的。

第四，延长产业链，能否增加整体效益。企业在产业链某个环节可能有突出优势，但是这个环节不容易变现，而其他环节可能实现更大的经营价值，那么就可以把这个环节的价值转移到其他环节。以农牧企业温氏食品集团为例，温氏的猪品种优良，经过屠宰分割以后，肉单价略高于普通品种的猪。品种优良，自然会体现在公猪（猪精）、母猪、猪仔（猪苗）、大猪（肥猪）等的形态上，温氏完全可以通过卖公猪（猪精）、母猪或猪仔（猪苗）来赚钱。但是温氏不这么做，而是把品种上独特的价值转移到养殖环节，转移到肥猪这个更大的载体之上去。肥猪每斤多卖几毛钱，显然经营流量更大、效益更高。我们再看看文化创意行业的例子。目前流行的IP（知识产权）商业模式，也证明了延长产业链的价值。从一个核心创意出发，衍生出各种内容载体，并在某个（几个）环节上实现最大价值。例如某电视台经常拍独播剧，不靠出售电视剧挣钱，而是以此提升收视率，提高广告收益。

第五，企业自身的能力，包括资源、组织力、领导力，能不能覆盖较大范围的产业链。也就是说，组织能力能不能支撑产业链上多环节业务布局。内容创意企业从内容环节延伸至终端（手机、彩电），逻辑上是讲得通的。但如果因能力缺乏，手机和彩电都做不好，顾客体验差，那么这种延伸也是有问题的。人们经常说，不要盲目多元化，很多情形下都是针对产业链纵向延伸而言的。其主要含义就是警示企业业务的边界不能超过能力边界，当然也有不要违背产业规律之意。

4. 在特定平台基础上业务横向扩张

特定的平台是土壤，在上面长出了若干棵大树。动态来看，不同品种的树越长越多，业务边界不断扩大（见图3-6）。

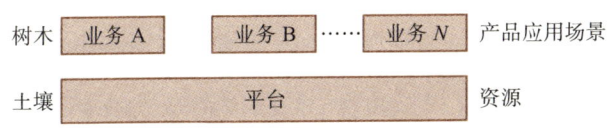

图3-6　基于平台的业务横向多元化

特定的平台有很多种类，它们分别有不同的属性和形态。主要有：

- 同一个品牌；
- 同一类渠道；
- 同一类顾客群体，或同一个需求集合及顾客流量集合；
- 某种技术及知识产权；

- 某种自然资源；
- 某种信息及知识资源池；
- 某种支持多种应用的基础性软件；
- 可嵌入多种内容和应用的终端产品；

基于多种资源平台的业务多元化模型，囊括了以往人们常说的横向相关多元化和同心多元化。平台要素越是处于基础层面（如操作系统软件），应用领域和场景就越丰富，业务范围就越宽阔；平台资源越深厚，业务之树就越根深叶茂；平台形态越偏向知识型和虚拟型，业务拓展空间就越具想象力。

在电子消费品等领域，有一种生态型业务扩张模式。它是企业业务增长的路径，也是多元业务组合的整体商业模式（见图 3-7）：

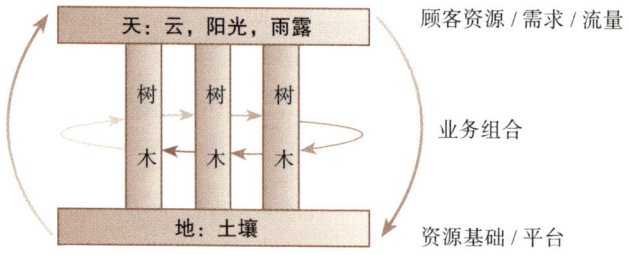

图 3-7　生态化业务组合

图 3-7 中有三个基本要素：第一，天。它是企业的外部流量（公域流量）。第二，地。它是万物生长的基础，为业务成长提供养分（资源支持、服务赋能）。第三，树木。各项业务，

它们共享资源，彼此增强，并回馈土壤。

小米的创业及发展实践展示了这一模式的逻辑和路线图。第一步，根据对市场需求的分析判断，小米选择市场容量大、顾客年轻、适合新的互联网互动方式的智能手机作为起点业务。通过互联网运作方式（顾客参与设计、粉丝运营、线上线下立体销售等），在不长的时间内小米手机销售规模和市场份额成功进入国内市场第一阵营。与此同时，小米积累了三个可成为平台要素的资源：其一，庞大的顾客粉丝群——将公域流量转成私域流量的成果；其二，进入目标人群心智的品牌；其三，互联网营销运作技术（这是小米在创业阶段和机会成长阶段的核心专长）。

第二步，在手机运作成功的基础上，进入与手机在顾客群、渠道以及品类归集等方面相关度较高的彩电市场。彩电市场与手机市场相比，顾客范围更广。小米采用硬件低价＋内容/会员服务策略，短短几年内，迅速使其彩电登上国内销量榜首。这样就积累了更多粉丝。在此基础上，再进入与彩电同属家电品类的家用冰箱、家用空调市场。目前这两类产品已取得不俗成绩——市场份额均进入行业前几名。手机和家电产品品类的组合，使以手机终端软件为纽带和平台的智能家居产业具有了初始形态，未来成长空间已经展现出来。

第三步，最近一两年，小米果断进入新能源汽车领域。它投入巨大资源，快速推出首款车型，获得良好反响，订单量超过预期。这种态势对老牌电动汽车企业和造车"新势力"都构成了挑战。小米汽车 App 支持、服务顾客全价值链和全旅程，其他价值维度如智能驾驶、安全、外观（这对年轻消费者而言是第一价值维度）等都受到好评。进入电动汽车这一大赛道，改变了小米的战略格局和战略气质，使之站上了全球卓越企业的新台阶。当然，作为新能源汽车领域的新兵，小米汽车还会面临各种考验。小米最核心的资源是顾客资源，当三股源流（手机、彩电、汽车）汇合后，水量（顾客资源规模）变得更加丰沛。

小米与这三个战略步伐并行的战略动作还有海外市场开拓、生态化品类（以生活电器为主）孵化等。需要指出的是，小米旗下众多产品品类（如加湿器、电暖气、空气净化器、扫地机等），市场表现很好，但战略意义不大，未来估计会逐步收缩，剩下几个市场规模较大、功能具有延展性的智能化产品品类。

小米的生态化业务组合和业务拓展模式显现出以下特点：

第一，业务扩张过程是发现、激发新需求的过程，是将天上的云（公域流量）化作地上的水（私域流量）的过程；

第二，平台为业务发展赋能，输送资源和要素（资金、人才、技术、数据等）；业务扩张受平台宽度、深度的限制，即资源、能力决定业务边界和业务的竞争力；

第三，"天""地"之间存在互动：机会牵引能力——需求引发企业形成、积累和提升能力；能力开辟机会——资源、能力平台驱动企业进一步发现机会；

第四，某一主营业务可以具有平台性质，它能够创造顾客资源和流量，为其他业务赋能。例如，手机的某些功能、软件应用能成为多个产品品类的纽带；

第五，多个业务之间存在彼此影响和增强机制（如手机和汽车、手机和彩电之间的关联）；

第六，业务成长过程中反哺平台：积累更多流量、塑造品牌、沉淀技术及管理经验等；

第七，业务扩张具有自组织性质；企业内的创业责任主体（二级企业家、创业团队及创业机构）自主运作；

第八，开拓业务时，打破组织边界；以合伙制等方式吸纳外部人才；以投资方式吸引外部资金。

5. 纵横交错的业务团簇

如果没有资源、能力限制，企业可以在横向上不断进行业务拓展，在纵向上不断进行业务延伸，由此形成纵横交错的网络状业务团簇。以亚马逊为例，初始的业务是平台型电子商务，继而在这一领域横向拓展，开展了自营电子商务、会员制零售、线下零售等业务；电子商务的下游是物流配送，而配送需要无人机，由此衍生出无人机配送业务；电子商务的上游是算力服务，由此进入数据中心和云计算业务；数据中心需要巨大电力，因此发展清洁能源项目，进入可再生资源发电业务；电子商务业务中有一个重要品类是图书，基于图书销售可以开拓内容创作（包括文字、视频等多种形式）业务；电子商务业务中有一个爆品是智能音箱，以此为发端，发展智能家居业务。

我国立讯精密、歌尔股份等头部民营电子企业目前的业务结构也形成了网络状业务团簇。它们都是以单一业务为起点逐步发展起来的。以立讯精密为例，其第一个业务是连接器业务。在精益制造的基础上，将连接器的所有场景及适用品类全部覆盖，进入不同场景、品类所对应的客户供应链，并构建客户资源平台。有了重点客户之后，为满足客户的多样化需求，进入声学模组业务；在这一业务领域内继续"横向到边"——覆盖全场景、适用全品类；继声学模组后，该企业又进入了光模块等业务。无论连接器，还是声学、光模块，该企业都进入了它们的上游核心零部件环节（即纵向到底），以此掌握上游核心技术和关键供应资源。目前已从电子产品制造横向扩展至汽车零部件制造。

可以这样说，每一个主营业务团簇，都像是一个可以从上下左右自由延伸的棋盘格子，在各个方向都存在增长的可能。各个业务内部有资源性平台（例如多种场景下的连接器产品有共同的技术基础），它们又共享企业更宽阔、更深厚的大平台。立讯精密的大平台是世界级客户、流程型管理体系和精密制造技术。

五
面向未来的创新

企业创新的目的在很大程度上是发现机会、利用机会。问题是：机会是什么？机会在哪里？这是最需要企业家思考，也最难解决的问题。难在什么地方？机会这个概念是有时间属性的：机会不在当下，机会在未来。如果机会摆在我们面前，那就不需要企业家，不需要企业家精神了。面对未来，德鲁克最重要的理念是："打造未来的工作并不是决定明天应该做什么，而是决定今天该做什么才能拥有明天。"德鲁克引用法国经济学家萨伊的话说："企业家的特定职能，是将当前资源审慎地投入到未知和不可知的未来。"[3] 今天所做的一切，都需具有创新属性和特征。只有这样，才能找到通向未来的道路。

1. 让未来发生

德鲁克认为，"未来是不可知的"。[3] 机会在未来，那么机会也不可知吗？德鲁克强调："未来与现存之事不会相同，与我们现在期望的也不会相同。"[3] 意思好像是未来不可预期。德鲁克接着推论："想基于对未来事件的预言来确定今天的行动和义务，这种尝试从来都是徒劳的。我们顶多抱有希望的也就是'预支'那些已经发生的不可逆转事件的未来效应。"[3] 把未来效应预支到今天,这是我们处理未来机会以及为机会而创新的一种思路、方法和途径。

德鲁克指出:"设法让未来发生是很冒险的,但是理性的行为。它的风险并不比沉醉在'什么都不会变'这种假设中随波逐流来得高;也不比听从某事'必会'发生或'极可能'出现某种情况这种预言来得高。"[3] 也就是说,让未来发生肯定也有不确定性,是一种冒险,但是下面两种观点冒的风险更大:第一是认为事情不会变化,第二是认为某种事情一定会怎么样。

德鲁克在书中接着说:"凡人能够尝试去做的一件事是找出(偶尔制造出)适度的风险,并对确定性加以利用。"[3] 不确定性是必然的,要加以利用;风险也一定有,但是我们要做的,是风险适度的事情。

2. 未来效应的时间差

如何预支未来呢?德鲁克指出:"重大的社会、经济或文化事件的出现与其带来的全面冲击之间存在一个时间差""发现并利用从经济和社会中某个不连续的现象出现,到它将带来全面冲击之间的这个时间差,有人称之为对已经发生的未来的预支。"[3] 未来已来,我们今天已经知道,一些趋势、一些事件,将来一定会发生,但在这个事情产生全面的效应之前,实际上是有一个时间差的。企业所能做的,是让未来效应发生，是在"时间差"内做好准备。例如，中国人口的老龄化已经开始，将来一定会更加严重。对未来的趋势我们不必怀疑，无论是个人还是企业，现在需要做的是在局面加重之前，在医疗、养老设施、护理模式等方面探索解决方案，有效应对。现在开始试制人工智能护理机器人，可能就是一个未来能起重大作用的措施。

如何把握未来趋势中的机会呢？德鲁克指出："机会既不遥远，也不渺茫，只是我们得先认清它的路数。"[3]"已经发生的未来不在企业之内，而在企业之外，是发生在社会、知识、文化、行业或经济结构中的一种变化。"[3] 未来机会在企业的外部，它发生在大的环境之中。因此，欲预支未来，使未来发生，就必须"打破模式，而非在模式的内部发生变异"。[3] 也就是说，要跳出现在的边界、轨道和空间，来理解问题、探索创新方向。

如何分析变化呢？德鲁克指出"那些催生出已经发生的未来的变化，可以通过系统性的探寻来发现"。[3] 也就是说，未来的变化，当下已经出现了一些端倪，透过结构性的分析框架，我们可以察觉和知晓。本书在第一章第 2 节"内卷的背景：主要环境变量"中就介绍了一个宏观视角的分析框架。

3. 构想的力量

如何利用未来效应的时间差呢？德鲁克提出一个方法：

要有一个构想。未来是不可预测的,如何管理不确定性?我们需要对未来业务和企业有一个设想,它是创新性的,它不是在原有的模式之内的。

德鲁克说,"绞尽脑汁猜测未来需要什么样的产品和流程是徒劳的,但是我们可以决定自己在未来实现什么构想,并基于这个构想建立一个不同于以往的企业"。[3] 这就是创新的本质,即改变企业的生产函数——"它必须有别于常态","这个构想是创业型的,有创造财富的潜力和能力"。[3] 接着他又提出一些具体的操作主张:

"正因为创业型构想并不覆盖社会或知识的全部,而只局限于某个狭窄的领域,它才更加切实可行。

"伟大的创业型创新,都是通过把现有的理论化命题转化为一个有实效的企业才能得以实现的。[3]

"最简单的创业型构想可能只是模仿在另一个国家或另一个行业之中行之有效的某件事。"[3]

如果构想太大,范围太过广泛,就不太可行。换言之,在某个狭窄的领域,它才更加切实可行。同时,创业型构想带有一定的理论性质,要转化为一个有实效的企业才能得以实现。德鲁克并不否定模仿,如果前面有标杆,有先行的例证,模仿其实也属于提出创业型构想的途径。

德鲁克发现,"一般做企业的人很少愿意从通用而非特定的角度来思考"。[3] 因此,企业家需从普遍规律和普适原则的角度来思考构想，要从企业整体贡献、企业的价值、企业带来的满足感、企业服务的市场和经济的角度来思考构想。这个经济角度就是产生成果的角度。

也就是说，必须从企业的根本属性、企业的宗旨和使命、企业存在的理由这样的一般理念、原则来推衍出创业型构想，而不能局限于具体的场景。这是一种卓有成效的思维方式。

"一个构想能否打造企业的未来，需得经过严格的检验。做企业的人最缺的还是一个用来测试构想的有效性和可行性的检验标准。构想还必须有经济上的有效性。这种构想的试金石不是它得到多少赞成票或博得多少哲学家的赞誉，而是经济绩效和经济成果。"[3]德鲁克提及的构想是实践导向、成果导向的。

构想总是伴随着风险。或者说，风险和不确定性就是构想的属性："如果一个构想没有半点儿不确定性和风险，那么它对未来而言根本就是不切实际的。"[3]具有不确定性和风险的构想如何才能实现？德鲁克强调企业家的作用："除非个人愿意为这一构想的价值有所奉献并笃信不移，不然他就不会持之以恒地为之努力。"[3]"这种构想必须经受个人承诺的考验。"[3]

今天，在做产品价值定位和价值创新时，我们经常会提到设计思维[13]。它的要义是我们基于顾客需求假设提出产品设想（创意），再让产品设想接受市场检验，根据检验结果改进、迭代。这种方法的起源就是德鲁克的"构想"概念。

4. 构想生成的逻辑和路径

现在，我们对德鲁克所说的"构想"概念从操作角度做进一步的解释。

最关键的问题是：构想如何生成？也就是构想生成的逻辑和路径是什么？在此提出以下四种模式：

<u>第一种是"挑战—反应"模式</u>。面临挑战和问题，在寻找解决方案时，能不能从未来的技术中获得支持，从而让未来发生。马斯克的几个重要设想都是从问题出发的。

<u>第二种是资源基础模式</u>。企业自身有一些优势，包括 AI 方面的优势，在此基础上提出具有未来意义的设想。比如宁波有基础雄厚的汽车零部件产业，将来有可能诞生机器人企业，因为宁波具备机器人产业所需的技术资源。

<u>第三种是技术生命周期模式</u>。预测技术生命周期的发展轨迹，提出设想、进行准备。比如硫化锂固态电池，可能若干年前就已经弄清原理了，它现在要一步步地朝着工艺化方向发展。那么，它的工艺化拐点什么时候到来？这就需要科技型企业家去洞察，在拐点到来之前做好准备。一旦拐点到来，就进行资源压强。

<u>第四种是动态适应模式</u>。和技术并跑，它快我也快，它慢我也慢，在动态中找到最佳契合点。在此过程中，可以不断修正和迭代构想（概念、方案）。

第四章

企业进化的算法

企业进化理念

企业是一个由多个个体组成的共同体,也是一个生命体。我们可以借鉴生物学的方法,对企业进行动态观照,理解企业进化的逻辑,从而在规律和本质层面把握企业发展态势,提高企业长治久安、基业长青的概率。

1. 企业成长和企业进化的关系

企业成长在以往很长时间内被称作企业增长,从生物学角度看,也有生长的意义。通俗地说,成长是指企业从小变大、由弱变强。成长和生存是相互关联的,成长的前提是生存,企业只有活下去,才有成长的可能;同时,成长也直接影响生存,如果企业不能做大做强,若遭遇环境变化,很可能无法生存。

从广义(种群/生态)及长期角度看,生命体成长包含进化。如果时间永无止境、事物可以轮回,万物生长就等同于万物进化。但从个体生命角度看,在一定的时间边界内,成长和进化是两个相互联系又相互独立的范畴。有的时候，成长中包含着进化，但有的时候成长未必意味着进化。例如，有许多企业利用外部机会，业绩持续增长，但内在机能和竞争能力一直没有发生变化。而进化有利于成长，能促进成长。在种群中，个体生命率先发生基因变异，往往是对成长需要的回应。

我们讨论企业成长问题时，往往将其与转型联系在一起。也就是说，在目前语境下，成长中蕴含着转型。这是因为许多企业不转型就不能成长，只有转型才能成长。而企业的重大结构性转型，如果将其理解为生命体变化，那么就包含了进化的意味——进化中的突变。

我们对企业进化的研究采取的是企业个体角度，即研究"某个"企业进化的方向及路径。这样可能偏离了生物学从种群角度对进化的严格定义（进化是相对于种群而言的）。从某种意义上说，我们用进化一词是一种类比。我们在描绘、分析企业进化时，有了生物学的视角。分析企业成长演变时，生物学的方法是很有启发性和解释力的。从进化角度研究企业成长有两个特点：一是长周期；二是关注企业和环境的关系。

2. 企业进化的含义

企业是个复杂的生命体，在适应环境、与环境互动的过程中，不断改变结构和机能，获得生存能力，改进生存模式，壮大企业体量，提升产出质量，从而持久存活和发展。这就是企业进化的含义。下面我们对企业进化做进一步的解释：

第一，企业是目的性复杂系统，具有特定的功能、意义和价值属性；在长期带有随机性质的进化过程中，有目的地选择成长方式和生存模式。

第二，企业的生存模式，总的来说就是企业与环境的互动方式，具体包括价值模式（创造什么价值以及如何创造价值）和能力模式（凭借什么创造顾客价值）。在能力模式中，包括能量模式（如何获得能量）、学习模式（如何掌握技能）、组织模式（如何将个体组织起来形成协作体）以及文化模式（需要哪些组织原则以及如何确定增长秩序）。

第三，企业在长期进化中依据环境变化，发展特有专长和能力，以此作为自身长期生存、永续经营的依托。而适应环境、发展特有专长和能力的过程就是学习的过程。可以说，进化就是学习，学习就是进化。

第四，通常情况下，价值创造和能力发展是连续性过程；持续改善是价值递进、能力提升的基本途径。当然，存在企业价值、能力突变的可能，只不过概率较低。

第五，企业进化的过程是企业有机生长的过程：业务是长出来的，能力是积累起来的，人才主要是内生的。业务好比是树木，在生态位的土壤里，根扎得越深，根须越长，树干就越坚实，枝叶就越茂盛，果实就越丰硕。

第六，和生物界一样，企业也有复制基因、扩大规模及范围的内在冲动。但复制过程中往往会出现或大或小的变化。企业的分支机构或并购的企业往往会发生变异,其中的局部或边缘性差异,有可能引发整体上的重大变化。

第七,企业无论进化还是成长,需多次乃至无穷迭代。可以说,迭代是进化的基本方式。因此需遵循长期主义,对每次迭代发出指令、进行干预,在不确定环境中寻求确定性选择。每一次指令(选择)虽有不同程度的随机性,但又有一定的方向性。多次迭代过程如图4-1所示。

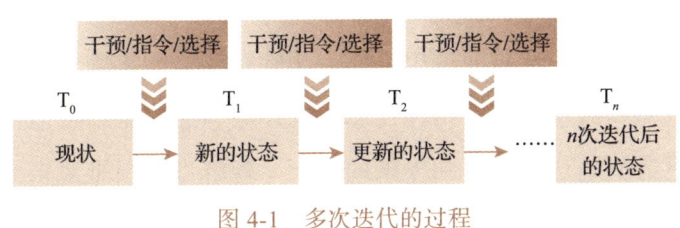

图 4-1　多次迭代的过程

企业进化原理

综观一些百年企业的进化过程,我总结出企业进化的若干原理:

1. 企业成长是个超长周期的动态过程

这意味着：首先，企业要有长期主义理念，致力于长期发展。目前，从企业内部角度看，妨碍企业成长最大的因素是投机主义。这与我国企业长期处于较好的市场环境、自身具有机会成长特征有关，也与一些企业领导者受小生产文化以及与之相关的感性文化影响的心智模式有关。面对未来更加复杂的局面，企业需摒弃投机主义思维。我们需要重视机会，但要避免投机主义。

其次，需从未来角度逆向观察现状。未来角度是宽阔、远眺的角度，是对环境中长期、基础性变量的轮廓性、概要性认知和洞察，是对结构性态势的体察。逆向观察可以使我们更清醒地认识现实和未来的差距，理解目前困难对未来的影响，从而使当下的行为更具未来意义。

最后，在长期视野下做好短期应变。但所有的短期调整和相机行事，都不违背长远目标和长期有效的方针。企业看上去天天在变，但实际上以不变应万变。万变的是环境和企业具体的做法，不变的是宗旨和基本原则。企业越是信奉长期主义，就越是要重视面向未来的顶层设计。

2. 任何企业的兴衰存亡都是随机的

没有一个企业组织的兴起和发展是确定和必然的。任何当下被公认为"成功""优秀"甚至"卓越"的企业，都是众多内外部因素相契合的产物，即天时、地利、人和。用系统理论的术语说，就是一种多变量整合而成的涌现，具有偶然性。几乎所有企业，从创业时期开始，都会经历不止一次的艰难时刻。每次走出困境，或多或少带有运气成分。根据统计规律，在适合的环境中，在大样本范围内，总有一些企业会脱颖而出，这是确定的。但具体到个别企业，其能否成功，是不确定的。

总体来说，企业实现从0到1的跨越，以及可持续成长，是小概率事件。正因如此，商业竞争中的成功者不能过于自负，失意者也不必过于沮丧。成功者更需要有敬畏之心。由于创业艰难、发展不易，我们对创业者和企业家要有足够的重视和尊敬。

3. 在可预见的时间内，企业进化往往存在确定的方向

成功的企业总有相似之处。这些相似之处在一定程度上蕴含了一些有关企业成长的规律性、普遍性元素和路线。一个动物种群中，率先变异和演进的是其中的个体。通过遗传机制和淘汰机制，最终整个种群发生变化。企业群体中，总有少数企业找到了适应环境的合适方式，走上越来越大、越来越强的成长之路。它们的经验可以为其他企业所模仿、借鉴和学习。凡是能为其他企业所学并且被实践证明有效的经验，经提炼、整合后即为企业成长的算法（逻辑）。令人遗憾的是，算法和逻辑框架并不复杂，但许多企业难以学会。因

为具体情境和场景的区别、细节的微小差异，都会使学习的效果发生重大偏差。更为重要的是，许多"伪学习"者并不具备学习的心态和能力。

4. 新秩序的扩张往往需要通过竞争实现

在一定的时空条件下，企业进化的方向和路径往往具有确定性，但只有少数企业能把握住这种确定性。不同企业在进化的道路上处于不同的阶段，有的进化程度高一些，有的则低一些。因此，企业的优势、竞争能力是可以比较和鉴别的。但是，对确定性的进化方向，并不是每个企业都能理解和认同，一些企业总是拒绝更为先进的价值观、经营管理思想以及创新性商业模式和管理模式。从企业群体角度看，一种新秩序得以扩张，不能仅仅依赖模仿和学习，而是需要竞争和优胜劣汰机制。总有些企业因循守旧，拒不学习先进经验，也不打破内部僵化结构，结果在长期竞争中落伍、出局。

5. 企业进化的本质是适应环境

环境是由多个变量组织的立体化结构。顾客和竞争者是环境元素；产业链、价值网络、产业生态中的参与者是环境元素；本国及相关国家的政府、公众、媒体等是环境元素。为了适应网络化的复杂环境，首先，需理解环境系统（政治、经济、社会、技术大系统及其子系统）的运行机理和规则／秩序。对个别企业来说，很难改变所处系统的基本规则（少数企业对其或许会产生一定的影响），但群体则不然。企业一方面可以基于既定的规则，找到自身生存和发展的空间，另一方面可以参与影响规则的活动，代表群体发出声音。这里我们对规则做中性（去伦理化）和抽象化假定。其次，需理解影响、决定未来趋势的变量层次，即基础性、中间性以及末梢性变量结构。发现驱动趋势变化的关键底部变量——正如生产力与生产关系、经济基础和上层建筑，真正把握趋势变化的方向、节奏以及效应等。这样的洞察，对于避免重大战略性决策失误是有帮助的。最后，将自己和利益相关者放在一个博弈结构下，理解对方的动机、态度和倾向，从而确定自己的态度、做出理性的选择。需沟通，必要时妥协、让步，尽可能避免陷入囚徒困境；但在涉及是非和整体利益的问题上不苟且、不躲避、不投机，坚守应有立场和原则。

适应环境的途径和方法是在实践中学习和思考，理解环境变化并做出反应。具体有以下 4 种反应模式（前一个变量代表环境，后一个变量代表适应企业）：

① 不变——不变。以不变应对不变。环境基本不变，我们既定的方针、策略也无须变化。

② 不变——变化。以自身的主动变化应对不变的环境，从而影响和改变环境。

③ 变化——变化。以变致变。与环境保持密切的互动，

"天"（环境）变，"道"（方针、策略）亦变，在变化中发现机会、寻找方向、探索路径。

④ 变化——不变。即使环境变化，也坚持不变。"天"（环境）变，"道"（方针、策略）不变，坚守既定立场和原则。

以上 4 种反应模式适合不同的场景，均有其合理性。我们需要根据实际做出选择。这是权变思想的通俗表达。

6. 企业进化需与环境的不确定性同行

环境时刻都在发生变化，有些变化是确定的：它已经发生或者它大概率会发生。同时，这些变化已经被我们所认知。真正需要我们高度关注并认真应对的是不确定的变化。环境变化是一个随机过程，有些事件会随机出现（无法判断其出现概率），并表现为突变。在企业进化的漫长过程中，不确定性如影相随，是一种常态。

面对不确定性，企业怎么办？**首先，需处理好短期行为和长期行为的关系**。企业短期行为通常是确定的，因为短期内面对的是相对确定的环境，企业必须做出选择、有所行动；而长期行为则具有一定的不确定性——长期环境变化趋势及变量很难把握，与此相关的行动方向和路线图不清晰。从长期角度看，企业最大的风险之一就是一直处于短期的确定性当中，而长期行为可能遭遇不确定性的打击。这是很难处理的战略难题。对企业来说，必须制定指导长期行为的长期战略，即使它无法具体，即使它只是表现为理念和原则。长期战略指导长期行为，同时给了短期行为的边界以前提及基础。短期行为中具有长期意义，是企业进化的重要准则。

其次，打开组织的边界。设计对外协作机制，使更多的外部合作伙伴（包括顾客）参与到企业价值创造活动中来。外部合作伙伴（如渠道）处于信息网络的边缘和末梢，或是处于整个产业链的关键环节，对产业及市场趋势经常有超前的认知；它们往往能感知和体察未来的机会；它们的实践有时蕴含着让未来发生的解决方案。组织如果是开放的，就容易抓住出现在外部合作网络中的增长契机。反之，如果将自己封闭起来，只会独舞，就很难发现"未来已来"。此外，连接、整合吸纳外部的能量和资源，是企业在不确定环境下提升能力、避开风险、增大胜算的重要途径。

再次，保持战略弹性。一方面坚持战略方向、原则不变，另一方面在路径选择以及战术层面保持机动性和灵活性。当不确定的变化出现时，能较快地变化、调整。对中小企业而言，在业务结构上，应适当打开业务扇面，使之有一定宽度；在商业模式设计上，应尽可能具有资产较轻、产业链条较短、有可能向平台型转向以及与外部合作者嵌入或合作的特征；在价值链安排上，应尽可能通过专业分工聚焦核心环节。与此相对应，在组织设计上，引入自组织机制，明确各业务单元、组织的责权利边界；当重大风险出现时，可以进行切割和重新组合。

最后，深度融入顾客。顾客是环境的构成要素，顾客变化是环境变化的主要内容，同时也是其他变化的凝聚、折射及体现。抓住了顾客变化，就抓住了不确定的变化的态势和脉络（使之变成具有不同维度的确定性）。而顾客变化包括相对宏观和显性的顾客规模变化、顾客内部结构变化、消费风潮变化，也包括相对微观的行为倾向变化、消费动机变化、需求结构变化。微观层面的顾客变化是我们需应对的主要问题。这种变化常常是隐性的，也常常是渐变的。因此，企业感知顾客的触角需要敏感、细腻和准确。只有随着顾客变化而变，才能较好地应对不确定性。一方面提前缓释压力、有所准备（即使是不确定的突变，其发生也是有征兆的；质的变化是由量的变化引起的），另一方面当不确定的变化发生之后，可以较快恢复和重建（因为了解顾客要求，具有顾客基础）。更重要的是，跟着顾客变化走，可以使企业沿着正确的方向成长和进化，并具有较为清晰的指引和依托。

7. 几乎所有企业都有忽视顾客的倾向

对企业来说，没有顾客就没有一切。既然顾客如此重要，为什么企业还会有忽视顾客的倾向呢？原因很复杂。概言之，重视他人是对人性和能力的挑战，也是对组织属性的挑战。

就企业领导者及相关管理人员而言，融入顾客、理解顾客、服务顾客，需要有开放、平等、谦虚的心态，深入实际、艰苦努力的作风，以及丰富的知识、精湛的技能（即顾客至上的专业能力）。对趋利避害的个体（包括企业创始人）来说，过了不堪回首的艰难创业阶段，重视顾客的内在驱动力自然会减弱。比起与顾客互动，坐在办公室里弄点形式主义、官僚主义轻松多了。就组织属性而言，随着时间的推移、规模的扩大，与个体动机、行为相关的懈怠、老化、封闭自然会发生，不与顾客互动就会成为一种文化、一种企业病。一旦病态文化形成，少数个体无力改变。面对顾客变化，很多大企业都是麻木、漠视、迟钝的。因此，以顾客为导向，说起来容易，做起来殊为不易。

8. 企业进化的重要任务是改善组织机能，培育顾客价值创造的能力基础

一方面，需将自身的核心长处变得更长、竞争优势变得更大。所谓核心长处，是指与顾客核心价值相关的长处。另一方面，需按整体竞争、系统成长理念弥补关键短处。所谓关键短处，是容易导致败局的缺陷。正如一支优秀的足球队，既要中场能组织、前锋能进球，又要后卫线上没有明显的漏洞。《孙子兵法》云，以正合，以奇胜。通过发挥核心长处，确保进攻胜利；同时，弥补关键短处，避免防守失败。企业能力的载体是人和知识——知识是人创造的，归根到底还

是人。

企业需要三种人：骁勇善战、充满活力的学生兵，专业精湛的明白人（专家），睿智包容的领导者。人才培养、团队建设是企业长期成长过程中的持续性、基础性、首要性任务。有人说，大赌才能大赢。这句话用在业务的规模化扩张上，可能未必合适，但用在人力资源压强投入上是恰当的。优秀企业需构建"高人力资本——高绩效"循环机制，构建人力资本递增回报机制，构建人才辈出、生生不息的培育机制。这些任务和动作涉及企业文化、管理体系（体制机制、流程制度）、领导行为（识人、用人）等，需要付出艰苦的、系统性的努力。

9. 企业进化过程中时刻处于向死而生的状态

存在主义哲学认为，人的最深刻、最绝望的痛苦在于，死亡是不可避免的，人们需面向死亡寻求意义。我并不认同这种哲学理念（觉得有些矫情甚至是无病呻吟）。但是，向死而生的确是企业进化的常态。与人的自然生命不可逆形成差异的是，企业生命可以在与环境的互动中通过变革求得新生。因此可以说，进化等于变革，不变革就不能进化。企业组织在长期进化过程中，熵增必然出现，无组织力量必然滋生，因此需始终进行负熵努力：开放，学习，增强组织活力；持续开展"五反"行动：反僵化，反懈怠，反分化，反复杂，反腐败。向死而生，体现的是一种认清本质、接受挑战的战略意志和决心，这是消除恐惧的持久、坚韧的内在力量。

10. 从长期看，企业进化的起点并不重要，关键是要"动起来"

今天人类的祖先当年在非洲古猿中，未必是最有竞争力的一群。但他们走上了正确的进化路线——直立行走、取火、吃熟食、制作工具等——从而繁衍至今。20世纪90年代初，我曾经参观过华为初创时的简陋场所。谁能想到，今天它已经成为全球通信产业领导者。在超长期进化路径上，起点并不重要。正如马拉松比赛，起跑时慢几百米并不影响最终成绩。只要走在进化的道路上，不断进步（"动起来"），就有机会不断超越先行者和暂时领先者。从产业全生命周期看，在结构变化的大变局中，最终的胜利者几乎都不是最初的优势拥有者。

"动起来"的核心内容是以顾客价值为轴，使机会和能力相互增强：发现机会，增强能力，创新价值；增强能力，创新价值，发现机会。如此循环往复，企业事业长青，可在竞争中立于不败之地。在所处环境不发生重大、颠覆性变化的前提下，机会、能力、价值三者互动，是企业进化的内在机制和机理。在三者互动过程中，顾客价值不断形成增量并持续迭代，这是企业进化的常态。

11. 决定企业进化的关键性因素，是企业领导者

对微观企业组织而言，绝对是英雄创造历史。有的时候，将企业的成败，归因到外部环境，或归因到组织文化等内部因素，都是没有切中要害的迂阔之论。在企业组织的治理以及权力结构下，企业领导者的心智、信念、勇气、价值观以及领导力决定了企业在长期进化的路途上，能走多远、能走多久。

企业领导者常常处于"生存还是毁灭"的决策关头。一念天堂，一念地狱，企业领导者的紧张和焦虑可想而知。通过分权、民主决策，可以缓解、分担企业领导者的压力，但重大关头，仍需要有主心骨和最终责任人。

企业组织需要卓越领导者，但他们是人，不是神。他们总是在与自身的欲望、人性搏斗，总是在寻求认知的突破。这是一个惊心动魄的超越过程。企业领导者超越的层次和境界，决定了企业成长的空间和边界。

企业组织中扬善抑恶、扬清击浊、增智去蠢的机制设计，能有效影响企业领导者的自我超越。但这些机制，往往也是企业创始者及后续领导者自我超越的产物，是其人格的映射。

从长期、动态角度看，企业组织若能形成程序化的优秀接班人生成机制，这个企业的长期成长就有了保障。有一点可以肯定，家族企业内部接班，在很多情形下不是最优选择。

12. 企业进化既要向善，但也不避恶

企业进化中的善，来自两方面的指引和规定：其一，人类在进化过程中，为了种群生存、繁衍、发展的整体目的，共同约定（哲人代言）道德律令，如平等、尊重、自由、民主、关爱等。它们是超越企业组织小共同体的更大范围、更高层次的伦理规范。其二，企业组织基于自身的本质属性而生成的核心价值观，如为顾客创造价值、以人为本等。企业进化的方向是向善的，企业文化的本质是符合善的标准的，这不仅是一种应然和期待，而且也是实然和事实。事实上，人类进化存在清晰的向善轨迹。从整体角度看，从工业革命之初的"血汗工厂"到今天的"美好企业"，企业进化——虽然时间较短——同样有明显的向善倾向。

但是，企业进化中不能完全回避、清除恶。这里的"恶"，是指生物本身在竞争环境中为了生存、发展而具有的攻击性本能。面对激烈甚至残酷的竞争，企业如果没有应对手段，就有可能被淘汰出局。向善是企业目标，活下去也是企业目标，但后一个目标须服从前一个目标。也就是说，如果不能向善，如果不能使自己在道德伦理约束之下参与竞争，那么生存目标就失去了意义。这样就限定了"恶"的边界。向善不仅是目标，同时也是实现目标的原则和指南。我们要防止在善的目标下不择手段，要防范高喊着善的目标而无所不用其极。超出人们公认的道德底线和法律规定的手段，本身就

会消解目标的合法性和意义。

善的目标及原则，与竞争性及"野性"如何平衡？首先，善的目标及原则不能超越企业本身的属性，不能定得过于缥缈，不能过度限制竞争性手段的使用。其次，在善的目标及原则的前提下，需保持甚至增强竞争行动的力度，提高竞争的有效性。最后，将外部市场竞争的压力传递至企业内部，使组织内部具有一定的竞争性和张力——适度拉大分配差距、设计优胜劣汰的赛马机制等。

13. 对确定性的事物，不能有任何的怀疑和侥幸

我国东南部地区，每年都会遭遇数起破坏程度不同的台风。除非搬离这一地带，否则只能提前准备、积极应对。对中国企业来说，环境中确定的长期变量，从全球视角看，包括新的技术革命、全球供应链重组、国际关系及秩序变化等；从国内视角看，则包括人口结构变化、工业化和城市化进程、区域发展态势及竞争，以及某些结构性因素等。

在这样的背景下，存量市场竞争、全球化竞争、替代性竞争、超越企业边界的生态化竞争等将成为企业竞争的主要形态。未来环境的挑战或许更加严峻，我们不能期待环境很快好转。在相当长的一段时间内，这样的竞争状况或许是常态，企业要有长期"卷"下去和艰苦奋斗的准备。

企业进化长期地图：算法和逻辑

很多企业家已经对自身状况与外部环境之间的巨大不适应有了深切的体认，由此陷入焦虑。他们到处学习，但似乎学得越多，焦虑越大。管理的舆论世界里流行着各种大词，如"颠覆""跨界""失控""共生"等，它们代表了未来方向。但对大部分起点低、基础差的企业来说，远水救不了近火，它们不具备践行这些理念的条件。听到、看到的大词越多、越新，许多企业家就越迷茫。许多企业下决心学习华为。但华为已经是一家世界级企业，它的做法和经验距离一些中小企业实在太遥远了。很多企业发出"华为，学不会"的感叹。

在这种背景下，企业需要一张具有前瞻性、牵引性，同时又学得会、可操作的长期战略地图。在它的上面，描绘出企业成长的逻辑和步骤——用今天的话说，就是算法。

算法，从一般意义上说，是指解决特定问题的逻辑、步骤和方法。它具有结构性、关联性的特征：若干个变量相互联结、相互作用，多个步骤存在先后顺序。有学者指出，万物进化皆计算。[14] 所谓计算，是执行算法的过程。将计算概念导入管理学，我们可以说：算法是有关企业进化的认知结构、模型或框架,而计算则是执行算法的过程。

复杂经济学的创始人布莱恩·阿瑟在其名著《复杂经济学:经济思想的新框架》[15]中,将基于新技术的经济体系形成及扩张,描绘成包含六个步骤的算法。他的宏观模型为我们思考企业转型提供了借鉴。

四

企业进化的前提:业务属性

在生物学中有一个重要的概念:生态位。通俗地说,它是某种生物在生态系统中所占据的时空位置(什么时间下生存,什么空间下生存)以及与相关种群之间的功能关系和相互作用(天敌是谁?是谁的天敌?需要什么资源?如何获得资源?生存模式是什么?等等)。我们将这个词引入企业战略分析,企业的生态位就是企业的业务选择(业务定位)。它包括三个基本问题:

第一,企业特定业务的范围是什么?

第二,企业特定业务属于哪个产业及市场领域?

第三,企业特定业务的经营形态(对各种商业性活动的概括,如制造、分销、零售等)是什么?

以美的集团为例。在 20 世纪 70 年代末它处于创业阶段时，业务范围从横向上看包括风扇等小家电、空调等白色家电产品；从纵向上看，上游延伸到相关产品的核心零部件（如电机、压缩机等），下游边界在于制造——产品生产出来后，供货给分销商，再由分销商供货给零售商，没有直接进入流通领域。与美的集团不同，TCL 集团刚刚进入彩电领域，就在全国各地设立区域销售公司，构建垂直分销网络，替代社会代理商，直接销售产品给零售商。显然，无论美的集团还是 TCL 集团，创业之初均属于家电产业及市场，其经营形态属于家电制造（尽管 TCL 集团的业务边界延伸至产品流通，但它的经营形态依然属于制造）。胖东来集团的业务活动中，包含部分自有品牌产品的自制加工，但基于其主要经营形态，仍将其归为零售企业。

概括来说，生态位选择回答了企业做什么业务以及业务属性（本质特征）是什么的问题。这是企业进化的前提。显然，我们对企业进化的分析基于并针对特定业务。也就是说，对物种的定义（是狮子、老虎，还是野牛、河马）已经完成。

对创始人及创始团队来说，创业阶段生态位或业务/市场领域的选择往往具有一定的偶然性。人生常常有这样的际遇：此时此刻，你恰恰站在机会的门口。大千世界，参差万物，各遇其时，各处其位。在社会经济复杂系统环境下，分工在无数主体的自主行为中形成。而企业创始人的初始业务选择，通常由若干因素耦合而成（见图 4-2）。

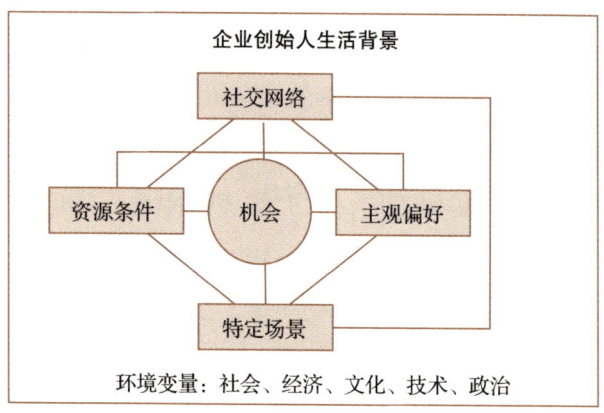

图 4-2　企业创始人业务选择影响因素

企业创始人所处的社会、经济、文化、技术、政治环境以及与之相关的个人生活背景（家庭、教育、工作、经历等）作用于 4 个影响因素，而这些因素直接决定了企业创始人的选择结果。社交网络（同学、朋友、同事、家人、社群等关系网络）既是企业创始人可选机会的信息来源，也是企业创始人决策的赋能、支持乃至驱动机制（例如亲朋好友出谋划策、提供协助等）。资源条件是企业创始人面临选择时所拥有的外部资金、技术、人才等资源。资源的边界制约着选择的边界，资源的属性影响着业务选择的方向。主观偏好是由企业创始人自身的气质、个性、情感、价值观、追求所决定的选择倾向：有的企业创始人天生喜欢浪涛奔涌的宽阔航道，有的企业创始人则喜欢源远流长的细分空间。特定场景是触发企业创始人做出决定的具体时空和事件。它们往往是做出决策的契机和催化器。

企业的第二曲线、第三曲线等多元业务的培育、成长，往往发生在企业业务发展壮大、具备一定的资源和能力基础之后。当然也有企业在创业之初，就在多个赛道上布局多个业务，但这不是常态。企业通常需经系统分析和决策程序才能对新业务做出理性的选择（当然，也有不少企业领导者"拍脑袋"决策）。这时，新业务选择的方向、范围、参照以及逻辑都是相对明确的。我下面要讲到的进化算法，不区分初始业务和后续成长的多元业务。从业务所属产业的生命周期来看，进化算法主要适用于处于成长期和成熟期的产业，尤其是长期处于成熟期的产业。

企业进化的起点：价值增量

这里的价值增量，是指企业所创造的顾客价值增量。企业作为一个系统，其功能和输出就是顾客价值。不断"做功"

（创造顾客价值）是企业系统在社会经济大系统中存在的基本理由。以顾客价值增量为改进起点，符合企业成长的正确方向和内在要求，同时具有可操作性和可行性。因为任何企业不管有无顾客价值优势，总是存在一定的顾客价值基础，总有一个顾客价值存量或基数。

顾客价值增量，是现有顾客价值基础上的价值递进和变化，也可称为顾客价值边际。从动态角度看，顾客价值持续保持增量，意味着顾客价值不断提升。顾客价值由两个因素决定，顾客价值增量相应地呈现出两种形态。下面是最常见的顾客价值公式：

$$顾客价值 = \frac{顾客效用}{顾客代价}$$

顾客效用是顾客从产品和服务中所获取的功能、作用和利益；顾客代价是顾客为获取效用而付出的代价，包括产品和服务的价格以及顾客的交易成本（如时间成本、精力成本、信息成本、交通成本等）。很显然，顾客价值与顾客效用成正比，与顾客代价成反比。这就是迈克尔·波特提出的两种竞争战略（差异化和总成本领先）的源头。而顾客价值增量要么是现有顾客效用基础上的效用差异，要么是现有顾客代价基础上的代价减值。也就是说，为顾客创造更多价值，要么走效用创新之路，要么走价格及交易成本降低之路。如果是前者，也意味着产品和服务升级。

在企业经营实践中，顾客效用和顾客代价常常是同时、同方向变化的：顾客效用增加，顾客代价（价格）有可能随之提高；或者反过来，顾客效用减少，顾客代价降低；还有一种不易出现的反方向变化情形：顾客效用增加，顾客代价反而下降。顾客效用减少，顾客代价上升，在正常的竞争性市场环境下，是不太可能出现的。

顾客价值净增加值等式为：

顾客价值净增加值＝顾客效用增加值－顾客代价增加值

上面的等式中，顾客效用增加值和顾客代价增加值可取正值和负值（负值代表顾客效用减少和顾客代价降低）。

需要指出的是，顾客价值增量有的可以计量，有的不能计量（只能定性）。顾客代价增加值基本上可以量化，而顾客效用增量有些可以量化，有些只能定性。大体上说，功能类的效用增量易于量化，设计、审美类的效用增量不易量化。例如不锈钢保温杯，保温时间更长这一点能够定量，但外观更漂亮这一点则无法定量。但无论能否定量，都不会影响我们对顾客价值增量的定义。

从操作角度看，确定顾客价值增量，首先需分解顾客价值维度（如 A、B、C、D、E），如图 4-3 所示，图中各价值维度的长度，代表本品牌的这些维度目前在市场上的优势及顾客评价。其次选择部分维度安排增量，最后确定增量的大小。

以大家熟悉的汽车（乘用车）为例，价值维度可分为安全性、节能性、舒适度、驾驶感觉、品质、服务等维度。从理论上说，可选择所有维度全面改进，但在实践中，企业通常只在少数维度上安排价值增量，以提高价值进阶和创新的针对性和聚焦度：或许使长处更长，或许弥补明显短板。而增量的大小，取决于外部市场的竞争要求和企业自身现有的能力和条件。当然，还可以增加或减少价值维度。在产品和服务价值组合中，新增维度上发生的增量是全新的价值形态。

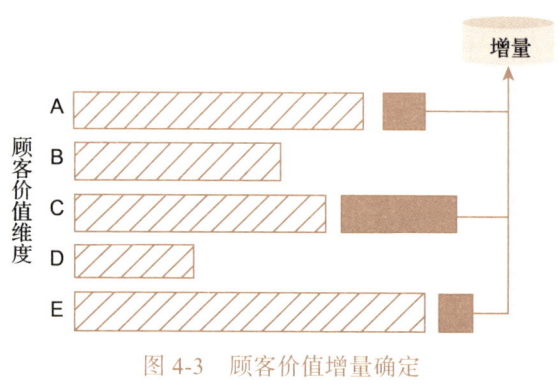

图 4-3 顾客价值增量确定

以顾客价值增量为企业进化和成长的逻辑起点，体现了企业战略的"第一性原理"。它会引发企业价值流以及所有价值创造活动的变化。换句话说，企业所有的价值创造活动和资源，均需围绕顾客价值增量展开及配置。这样做，就是把战略性资源花在战略性机会上。

顾客价值增量与目标市场密切相关。现实中，两者关系存在三种情形：一是目标市场定位变了，顾客价值定位相应变化（表现为价值维度变化或价值维度上的增量变化）；二是顾客价值增量引发目标市场变化；三是虽然顾客价值出现了增量，但目标市场定位并未变化。

大部分情形下，顾客价值增量并不引发商业模式变化。更准确地说，增量/边际形态的顾客价值递进，本身就属于一定商业模式前提下的渐进式创新。但是，连续的顾客价值增量，有可能使商业模式发生嬗变，微信的演变就是一个例子；同时也有可能使产品和服务改变形态，变为其他品类。

六

企业进化的基本方式：迭代改进

迭代是持续性价值改进以及企业进化的基本方式。在计算机算法中，迭代是指计算机重复执行一组指令或一定步骤，每次重复，都从变量的原值推出它的一个新值。在系统理论中，迭代是指重复反馈。所谓反馈，是指系统输出成为输入的组成部分，作用于系统，影响系统输出。重复反馈则意味着多次、循环反馈。它发生于产品生命周期之内。

动态地看,顾客价值增量的持续实现,是以多次迭代为途径的(见图4-4):

图4-4 顾客价值的迭代过程

图4-4的含义是:以现有顾客价值为初始输入,通过顾客价值增量的定位、设计,以及价值创造机制和过程,形成含有顾客价值增量的新的顾客价值。它成为下一次迭代的起点。每次经计算形成的顾客价值增量,均需接受市场的检验,其结果可能好、可能坏。下一次迭代时,我们需依据检验结果修改顾客价值增量的定义及其变化程度,改进、优化顾客价值增量的实现方式,从而更有效地动员及使用资源,创造顾客价值新的增量。这样循环往复,顾客价值曲线就能持续上升(见图4-5)。

图4-5中,顾客价值评价由顾客做出,企业可代表顾客进行模拟评价。对企业来说,实施顾客价值战略时,有两个重要调节变量:

一是迭代周期的长短,即多长时间迭代一次。这与产品生命周期有关,也与业务的商业模式有关。有些行业的产品和服务的迭代速度快一些，有些则慢一些；有些商业模式以变化速度为关键变量和制胜因素，产品和服务的迭代速度势必较快。总的来说，在目前各行业竞争趋于激烈的情况下，几乎所有企业产品和服务的迭代速度都在加快。二是顾客价值增量的大小，代表了每次迭代改进的程度。这与企业自身的能力有关，也与外部竞争态势有关。有时候外部市场环境、竞争规则发生重大变化，产品和服务的小幅创新可能无济于事，这会逼迫企业扩大顾客价值增量。这两个调节变量是企业业务动态竞争优势大小、强弱的关键，也是企业顾客战略及竞争战略中的核心控制点。

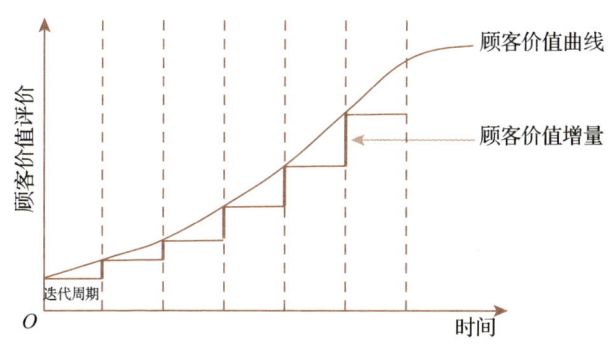

图 4-5　顾客价值曲线

根据一般规律，基础较弱、起点较低的企业刚开始迭代时，顾客价值增量较小，即所谓的小步快跑。过了时间轴上的分界点之后——分界点的位置通常由组织能力决定——就可能加大顾客价值增量（主要是差异化创新程度），使顾客价值曲线加速拉升（更陡）。顾客价值曲线升到一定程度，企业即进入超越竞争的境界。从顾客价值曲线长期趋势看，不同阶段的顾客价值曲线斜率是不同的：有的阶段顾客价值提升的速度快一些，有的阶段顾客价值提升的速度则慢一些。曲线不会单调上升，也会出现停滞不前、上下波动以及拐点（见图 4-6）。

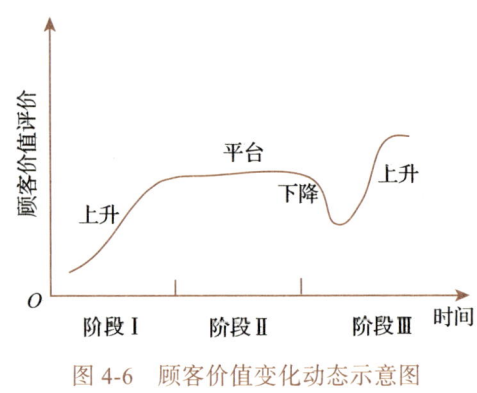

图 4-6　顾客价值变化动态示意图

图 4-6 中，顾客价值曲线中的上升显然意味着顾客价值增加，平台意味着顾客价值不变，下降意味着顾客价值减少。

顾客价值曲线的形态与外部因素，如技术发展、产业周期、顾客需求、产业链竞争格局等有关，也与企业组织机能、组织生命周期、资源能力、领导力等有关。由此，顾客价值曲线也就成了检查业务发展是否健康、企业进化是否遭遇阻滞、组织是否需要变革的度量工具。

七
企业进化中的顾客价值来源：资源密度

这里的密度是从统计学角度说的（不是物理学上的定义），意指单位空间、时间、物质及事物（用 x 来表示）所包含的特定对象的密集程度。特定对象是指我们关注、考察、计量、分析的要素、变量、场景、行为等（用 y 来表示）。密集程度是每单位 x 所包含的 y 的个数或出现次数。所谓单位，是一个统计概念，意思是计算密度时分母的基本范围/边界。它是我们根据统计分析的需要而设定的。例如单位面积（如每平方千米）的人口密度、一段时间（如每分钟）的词语密度（语速）、某个生态区域的生物物种密度、某条生产线上的设备密度、一部电影的镜头数量、某场活动投入的工作人员数量、在某道数学题上投入的思考时间、一本书中的信息容量，等等。

顾客价值来源于人力、知识以及土地、资金等资源。其中最核心的资源是人力资源（它和知识资源存在较大的交集）。在竞争环境下，顾客价值的来源还要更深层次地理解为资源的密度。因为没有一定的密度，就无法创造出获得市场入场资格的顾客价值；欲使顾客价值远离平均线、获得顾客青睐，那么所投资源必须具有较高密度。动态来看，顾客价值增量来源于资源投入的增量。顾客价值中包含的要素有了增量，顾客价值增量才会产生。

现在，我们主要分析劳动力要素或人力资源要素。衡量劳动力要素投入的指标包括劳动者人数规模、劳动时间等数量指标，也包括劳动形态（简单劳动/复杂劳动）、劳动强度等质量指标。在目前社会环境下，人数规模、劳动时间等都不可能增加。因此，劳动力密度或人力资源密度增加不可能体现在数量指标上，只能体现在质量指标上。劳动形态通常是个常数，因此劳动力密度或人力资源密度只与劳动强度相关。当下的劳动强调的显然不是劳动环境的艰苦和劳动的繁重，而主要指知识型工作者劳动或工作状态（认知和行动）的强度。华为的成功，很重要的一个因素是高素质劳动者（以年轻的研发工程师为主体）的投入程度。我举一个具体的场景：华为的销售人员经常在一起长时间地讨论与客户沟通、深化客户关系的具体细节和方法。我们羡慕华为销售团队的所向披靡，其实每一个行动方案、每一次客户拜访行动、每一个沟通环节都包含着巨大的智慧和动作力度。

产品和服务的改进，往往会面临天花板。很多企业的老板和员工都认为改无可改。其实，在价值流的各个环节，无论是设计、开发，还是采购、制造，以及交付、服务、客情深化，都有或大或小的改善、创新空间。关键在于能否想得深、想得细、想得快、想得透，有没有投入充足的时间和人力深入、持久、高效地讨论，能不能打破认知的极限。认知密度是体现在每一个方案、每一个动作中的认知和思维强度。可以从以下几个方面进行衡量：一是所考虑的变量的数目及范围，变量越多、越宽阔，认知就越全面、越细致；二是对变量之间相关联系和关系的认知，以及进行归因思考时对因果链长度（层次）的把握。现实生活中，一些管理人员的点状思维（非结构化思维）和短因果链思维就是认知密度不够的体现；三是决策时备选方案的完备程度（是否列出所有可行方案）以及选择时的理性程度；四是思考的速度（单位时间的思考频次）。

在劳动力密度和人力资源密度中，除了认知密度，还有与之相关的行为密度，包括一定时间的动作次数（节奏）、动作的分解细致程度、动作中的细节含量、动作的力度及精细程度、动作规程的复杂程度等。通俗地说，就是做得细、做得实、做得快。这些我们在精益制造中都能见到。随着工业4.0的推进，一线人员劳动强度可能会逐渐下降，但和认知密度融为一体的高责任、高敏感性（每个动作与整体的关系较大，稍有不慎，后果严重）的行动密度将会越来越大，就如飞机机长的动作。

从企业整体角度看，除劳动力密度和人力资源密度外，还需重视其他要素，如资金、技术等的密度。顾客价值增量决定了各个要素投入增加的方向。围绕顾客价值增量加大要素密度,体现了聚焦和压强的战略思路,体现了持续攻克难题的锲而不舍的精神,而这恰恰是我国许多企业所欠缺的。

密度是企业进化算法中的枢纽(见图4-7),是一个很好的管理概念。它上连顾客价值,下接组织能力;它是一种战略选择、战略动作(举措),是组织文化的重要理念(比敬天爱人更具可操作性),同时也是一种有效的管理手段。它可以涵盖企业价值创造活动的多个环节,可以适应多个管理层次,且容易计算及评价。从员工行为角度看,它是人人都需做、时刻都需做、处处都需做的工作要求和行为习惯。

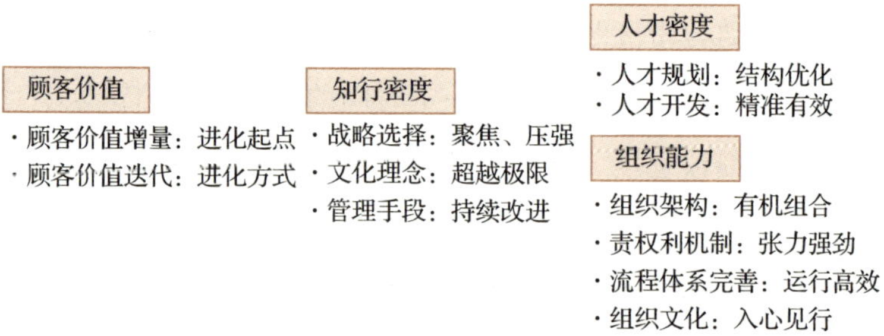

顾客价值
· 顾客价值增量:进化起点
· 顾客价值迭代:进化方式

知行密度
· 战略选择:聚焦、压强
· 文化理念:超越极限
· 管理手段:持续改进

人才密度
· 人才规划:结构优化
· 人才开发:精准有效

组织能力
· 组织架构:有机组合
· 责权利机制:张力强劲
· 流程体系完善:运行高效
· 组织文化:入心见行

图4-7 知行密度的枢纽功能

借用宇宙大爆炸理论,我们过去的成长(增长)思维属于膨胀思维:领域扩张,体量扩大;而目前可能需要"奇点"思维,即将所有的能量凝聚到顾客价值这一点上,使之汇集的劳动力及资源密度极其大。这符合德鲁克一贯主张的将资源投向最大机会点的压强原则。

八

企业进化的求存策略：竞争方式

顾客价值的迭代是在竞争环境中进行的，是在与竞争对手争夺顾客的过程中完成的。除了顾客价值增量的设定要有竞争基准外，竞争中获胜的方法殊为重要。没有竞争方法，企业就不可能生存和持续发展。竞争方法是企业生存模式的另一种表达。

竞争方法是企业业务战略的组成部分，是在竞争中赢的逻辑和步骤。从内容层次看，竞争方法包括企业某项业务商业模式、顾客价值创新以及获取竞争优势的战略；也包括价值创新活动各部分、商业模式各环节，围绕顾客价值增量目标、支持整体竞争优势、壮大自身能力的战略；还包括各类资源的开发、整合、利用战略。竞争方法可以自上而下具体化，例如可细化至面向特定顾客群体以及区域市场的营销运作模式，甚至包括一线人员取胜的战术安排。可以说，竞争方法是从战略/策略到战术的立体体系。总的来说，业务竞争方法内容是叠加的，它告诉我们在竞争背景下如何创造顾客价值；或者在顾客价值创造活动中如何蕴含竞争的意味。

作为赢的逻辑，竞争方法是一个整体。它像一个立在基石上的陀螺（见图 4-8）。

如果把商业竞争喻作战争，竞争方式则可称为战法。我国古代的《孙子兵法》等兵书蕴含着战法的内容。游击战、运动战、包围战、闪电战等都是某种战法的名称。战法不等于谋略，虽然其中有一定程度的谋略意味。战法是具有智慧和策略含量的操作指南。抗日战争时期著名的游击战战法，提出了清晰、直白的动作和行动指引：到敌人后方去，敌进我退，敌驻我扰，敌疲我打，敌退我追。在前互联网时代，我国一些著名消费品企业，凭借深度分销战法（划小市场管理范围，扁平化通路结构，优化网点布局，控制零售终端，等等）取得了市场优势；在互联网时代，阿里巴巴、字节跳动、腾讯等企业通过"平台—流量"战法成了商业生态的主导者。

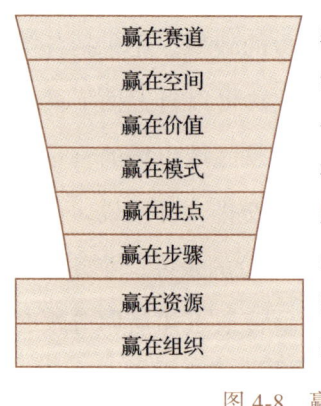

赢在赛道　　赛道：产业/市场领域
赢在空间　　空间：细分的顾客及需求集合
赢在价值　　价值：以产品和服务为载体的顾客价值
赢在模式　　模式：价值创造方式和收入方式（商业模式）
赢在胜点　　胜点：价值链上的关键制胜因素和战略制高点
赢在步骤　　步骤：竞争动作的时间节奏和空间安排
赢在资源　　资源：竞争所需的要素及各类资源
赢在组织　　组织：组织架构、流程、体制、文化等组织能力

图 4-8　赢的逻辑：层次和结构

如果把目光投向同一市场上直接竞争者之间的竞争，战法中不仅包含市场运作方式，往往还包含了市场上的人员分工和组织方式。战法靠人去完成，人的因素常常也是战法的组成部分。抗日战争时期的游击战依靠敌后武工队、游击队去打，化整为零、各自独立作战的战法就包含着自组织的组织形态设定。华为区域市场"铁三角"模式，既是一种作战方式，也是一种组织形态。由此可见，战法在一定程度上是战略/战术和组织/团队的结合体。

企业较宏观层面的竞争方法（战法）主要来源于企业高层的谋划和设计，而较微观层面的竞争方法（战法）往往是局部或典型经验的总结，通过组织内部学习机制复制至企业内部以及协同价值网络的更大范围。这也从一个侧面证明了战法的意义：战法是组织统一、协同行动的重要依据和保证。只有将经过实践证明有效的战法推广至其适用的所有场景、区域，以及使全部或大部分运用战法的团队、人员理解和掌握战法，才有可能取得全局性胜利。当然，复制、移植战法需因地制宜，有所创新，这是不言而喻的。

概括起来说，战法是结构性的（组合拳）；战法是分层次的（适用于不同的竞争空间）；战法是可复制的（具有规律性）；战法是可传播和认知的（经过训练，全体指战员都能够掌握）；战法是有灵活性和机动性的（无论制定还是执行，均需实事求是、因地制宜）。

企业进化的调节控制：参数

企业进化是有目的的、存在人为干预的过程。干预的方式之一是选择企业系统中部分具有整体效应和杠杆效应的参数，通过改变它们的数值，引发企业整体系统和全局的优化。整体效应意味着牵一发而动全身，局部、边缘的改进，可以引发连带性效应，产生结构性效果。杠杆效应意味着某些参数的微小变化，能使经营业绩和效率产生较大的变化。不断提高参数水平的过程，就是业务经营质量和企业能力持续提高的过程；也是企业沿着正确方向优化演进的过程。

在所有参数中，会计核算体系中的相关科目及其数值是最重要的。对于企业的价值流以及经营过程、结果，会计核算体系做了数据化的呈现，提供了直观、量化、包容面广以及层层递进的分析工具和方法。我们可以将三张会计报表，以净资产收益率为目标和指向，融合在下面这张图中（见图4-9）。

会计科目（参数）的选择需从顾客价值增量出发。如果增量属于差异化价值范围，那么毛利率就是重要的参数；如果增量属于成本降低范围，那么成本、费用参数以及表示效率的参数（资产周转率等）就是重要的参数。如果增加产品和服务的品种、提高个性化需求的满足程度，那就应选择存货周转率等指标。

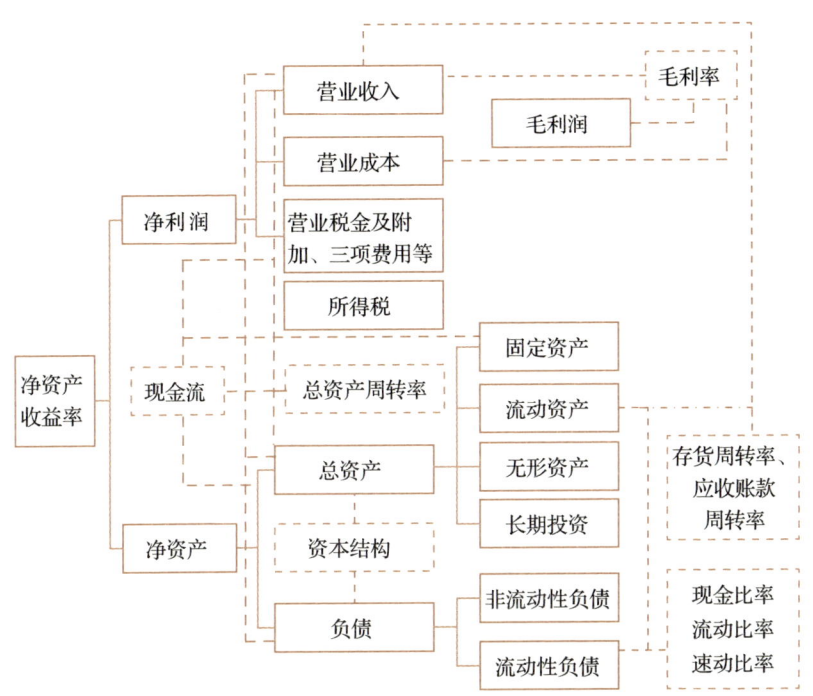

说明：虚线框中的指标由实线框中的指标计算而来

图 4-9　净资产收益率的会计科目分解

除会计科目及财务指标外，一些综合性管理指标也是重要的参数，如人均效率（劳动生产率）指标、产品和服务品质指标、价值流运动的速度（节奏）指标、交货数量和质量指标等。某些纯粹管理行为的指标，如流程节点数目是与效率有关的重要参数。需要特别指出的是,某些测度风险的阈值和临界值,适用于风险提示、预警、防范以及风险消除,是调节控制参数中的重要组成部分。

通过参数改进顾客价值,参数选择以及数值的确定固然重要,但更重要的是以参数为杠杆和抓手,推动企业所有人员、机构参与管理改进运动。如果是财务性参数,那就是战略性财务管理改进运动。根据我接触到的企业案例,这类运动可以穿透指标和实物、行动,便于考核和激励,只要抓得实、抓得紧,往往会有非常好的效果。

企业进化中的形态升级:数字化

在企业进化的漫长过程中,人为干预的方式除了调控相关参数外,还有一个重要方式是在不同的阶段,提出全面的进化主题并组织实施相关行动计划、方案,在较短的时间内完成企业系统内部结构调整以及组织形态变化(相变)。当下及以后相当长的一段时间内,企业进化的主题是数字化。它是我们目前引领、促进企业进化和成长的重要手段和动作。

AI时代，数字化既是外部环境对所有企业提出的进化要求，也是企业自身转型成长的有效途径。数字化既是当今企业进化的契机，也是企业进化的牵引和方向。

所谓数字化，是指企业在信息化建设和运行的基础上，实现内部的数字连接以及与外部的数字连接，开发和积累数字资产，增进和创新顾客价值和体验，提高价值创造活动的效率。也就是说，顾客价值呈现出数字化形态，价值创造活动依托信息及数字化系统运行，进而朝智能化、无人化方向演进。

企业数字化建设包括以下步骤和内容：

第一，实现顾客价值（产品和服务）形态数字化，增加顾客的数字化体验。有些本身就属于信息、知识服务类或内容类的产品和服务，转变为数字化形态是顺理成章、势所必至的，例如线上教育、线上诊断等。更多的产品和服务，过去以实物、行为、场景为主要元素，则需增加数字化含量，使数字也成为融合其中的主要要素。站在顾客角度，即顾客在其价值链（实现价值的过程）各环节都能获得数字服务和体验。

第二，将价值创造活动（包括直接创造价值的核心流程，也包括支持核心价值活动的辅助流程）数字化，使流程运行呈现为数字化形态，做到流程、数字一体化，以数字化方式驱动流程运行。在端对端的价值流中，通过数字化更好、更快、更直接地理解顾客需求，无缝隙、无边界地与顾客交互，满足顾客的个性化需求，支持多品种、少批量、多频次、快节奏的供应链运行模式效率。借助数字化，提高企业价值链以及所有流程的运行效率。

第三，在流程和数字一体化的基础上，形成纵横交错的数据流网络；通过对数据流的应用，使之资产化。同时，通过各种途径，将外部数据内部化，使之成为企业所能利用的资源。无论数据来源如何，均需不断扩充、丰富数据资产的种类、规模，拓展数据资产的用途，利用数据资产创造效益，使数据资产增值。

第四，在各个领域和环节，在组织的各个层级，尽可能构建、导入公开、透明、可测试和计算的数字标准，作为提高品质和效率、持续改进的手段。这些标准和我在前面所说的参数存在交集。

第五，利用 AI 大模型整合、利用、挖掘知识资源，高效率完成重复性、标准性知识工作。将数据和人工智能相结合，进行辅助决策。

第六，构建数字化的生产体系，适用于特殊场景（工作繁重、环境恶劣），实现全智能化、无人化运行。同时，通过数字化手段建立虚拟世界，在其中完成某些在实体世界中无法完成的任务。

第七，构建企业内部数字化服务平台，提高信息、知识、数据共享程度，通过数字连接，增进组织内外部的沟通和协同，为弹性、无边界组织以及自组织的运行提供保障和支持，使组织各项赋能性的作用更好地实现。

企业进化的学习机制：模型、模板

对生物种群来说，进化就是学习，学习就是进化。在适应环境的过程中，向环境学习，探索环境的奥秘，掌握环境变化的趋势和规律，用知识改变环境。在适者生存的竞争中，向竞争者和领先者学习；在相互交往中，向合作者学习。借助他者的知识及能力基因改善自身的结构和机能，汲取有益的营养。在组织内部，倡导团队学习和共同学习，实现知识共享，开发、积累、扩充知识资产。

企业学习必须围绕顾客价值增量实现这一核心目标，目的在于提高创造顾客价值所需的员工平均素质，提升解决问题的专业能力。应尽可能消除不符合顾客价值目标的无效学习。令人迷惑的是，许多企业的无效学习占据了大部分学习时间和学习资源。原因包括病急乱投医的心态、急于求成的机会主义理念、无法辨识自身学习需求以及缺乏准确评估知识供给质量的认知和能力。那么,什么是有效学习呢?

第一,干中学。在实践过程中、在价值创造的场景中学习,训战结合;带着问题学,注重学习实用、科学的方法。随着顾客价值的迭代,学习内容和方式亦在迭代。

第二,重视模仿。找到模仿、借鉴的标杆和来源,引入外部知识。在自身不具备知识基础和能力积累的领域,不盲目探索和创新,直接借鉴被实践证明符合科学原理和规律并且行之有效的方法体系。模仿时,不要过于强调自身的特殊性;植入外部基因时,不过于强调自身基因的优势。"先僵化,后固化,再优化。"如果没有这样的态度,连模仿都做不到,更不用说创新了。对许多基础较差的企业来说,模仿是进化的第一步。关键是要浓缩模仿过程,以空间换时间。

第三,传承经验。形成经验代际传承机制(师徒制等);将已积累下来的隐性知识(以有经验的老员工为载体)显性化,形成可传播和共享的显性知识(以软件、书本、课件、音视频媒体为载体),并构建两类知识发生的循环机制。

第四,营造知识"场"。汇集企业内外部知识,借助互联网手段,构建企业知识平台、云服务机制和传播网络,形成知识赋能的"场"(知识密布且作用于每个个体的氛围和环境)。在这一"场"中,知识是流动、共创和共享的。

第五,加大强度。和前面所说的密度相对应,学习也需增加密度。应提高知识引进、借鉴的速度和频次,扩大所学知识的体量和规模，延伸学习的深度，提高知识学习的效率。对一些员工知识基础薄弱的企业来说，一段时间内大水漫灌式的学习方式是需要的。否则难以进行与过往差异较大的创新型进化，也难以使进化不出现断裂而持续发生，更难以推动进化中的突变。

第六，倡导讨论。企业需营造和构建平等、民主的氛围和机制，鼓励自由讨论和质疑、辩驳，并为讨论提供组织保证（如设立蓝军）和技术平台（网上社区、论坛等）。

第七，员工个体学习和企业组织学习相互影响和促进，形成个体学习和组织学习双螺旋上升结构。

明茨伯格曾经说过，管理者的绩效取决于如何学习特有的思维方式，以便有效解决问题。[16] 企业所有学习中最重要的学习，是培养员工尤其是管理者正确的思维方式，帮助他们构建有助于企业及自身生存和发展的底层认知结构。这是员工个体认知体系中的操作系统。

企业在长期实践和学习过程中，需积累模型和模板。模型是长期实践的经验及规律的总结和提炼，是将解决问题方法抽象化之后形成的方法论，是未来的顾客价值增值和创新的基础、指南和依据，也是可以传递和共享的知识平台。有了方方面面的模型，企业价值创新活动才能高效完成；从动态角度看，模型是企业价值创新活动持续向前的技术性保障和支持。可以这样说，无模型就无迭代，只有沉淀出模型，创新才能以迭代方式进行。这意味着，价值创新大多不是从头再来，而是在一定基础之上层层递进。

企业中的模型就内容而言，可以分成经营类的（价值模型、战法模型等）和管理类的（流程体系、机制设计等）；就范围而言，可以分为整体性模型（涉及价值创造全部活动、环节）和局部性模型（涉及价值创造活动的某些元素和环节）；就层次而言，可以分为适用面宽阔的抽象结构和适用于特定场景的解决方案。

企业知识资产中，还有一种知识形态被称作模板。它是企业经营管理实践中操作性的标准，蕴含着具体的工作方法。模板的形式多种多样，包括作业指导、操作规范、本文格式（其中包括图表）、问题清单、管理程序等。模型是多层次的，底层的模型与模板对接。例如，一般企业的流程可分为4级，而底层的第4级流程就和操作模板相对接。此外，一些模型在应用过程中，如果进行具体化的衍生，其中会包括多种模板。

模板是企业内部可以共享的基本及最小知识单元。通过模板，企业内部导师可以高效传授经验和知识，新进员工可以较快地掌握工作方法；现有业务所沉淀的知识能高效传递至新兴业务。如果说模型是企业组织中的知识密码，可编辑、可提炼、可解码，那模板就是知识细胞，可组合、可移植、可复制、可注入。企业进化的本质是知识进化。而正因为有了模型、模板，才使知识进化有了可行的途径和方法。

十二

企业进化的组织活力机制：负熵

企业进化过程中，有一个内生因素会长期影响、干扰进化的方向和进程，甚至有可能使进化中断。这个内生因素就是组织的僵化和衰老。如果缺少有效的干预，这种组织熵增的现象必然会出现，且呈现出不可逆转的趋势。

熵是物理学、信息学以及系统科学中的概念。在管理学中，熵是对组织复杂程度、僵化程度和衰老程度的测度。企业必须采取负熵行动，防范、化解、减少熵增，提升组织的活力。借用物理学语言，即消减组织中未被利用的能量；或使未被利用的能量重新做功；使低功效能量变成高功效能量；改变低能效平衡的状况，形成非平衡高能效。

常见的负熵举措包括：

第一，调整人员结构，增大人才密度；引进一大批年轻、高素质、自我驱动（准确地说，是自尊心驱动）的学生兵。

第二，适度加大内部的竞争性和人员的流动性，强化淘汰约束。

第三，抓住组织活力中最关键的变量——干部。他们是影响企业成长的"关键少数"。不能总是将目光投向企业之外，要坚信"三步之内必有芳草"。在客观、科学的基础上,通过公平、公开的赛马机制,选拔一批优秀干部,实现新老交替,既能激活组织,又能重塑文化。这是代价最小、见效最快的负熵举措。同时,浓缩年轻干部的职业生涯,加快其职业转换的节奏,发现真正能打仗、能打粮食的干部。

第四,一方面适当削减人员、提高人均效率,另一方面提高人均薪酬水平,并向创造价值的人才倾斜。根据企业的实际情况,不同程度地扩大内部分配差距,提高组织内部的张力,打破"低绩效—低报酬—低能力"的不良循环。在顾客价值增量实现的同时,设计、安排、实施员工薪酬增量计划。

第五,对以一当百、以一当千甚至以一当万的核心、关键人才(例如营销领军人才、研发领军人才),采取"超级人力资本"行为,以极具吸引力的分享机制、合伙人机制吸引其加入。

第六,按照结构产生能量的理念,调整组织的形态、架构和运行机制,为激发团队和个人的主动性、积极性创造条件。在管理体制上,增加员工自主运作、决策的空间;按照顾客价值创造的要求扩大一线人员的权限,切实将权责下移。在组织形态上,根据环境对组织进化的多向、多重要求,丰富组织的属性,增大组织的弹性和流动性,使企业同时具有大企业和小企业的叠加特征。既能聚合,也能分解;既是集中式,又是分布式;既有边界,又无边界;既激活了个体,又实现了协同。

第七，坚持反失范、反腐败。追求较高的道德及规范底线。防止"腐败病毒"对组织的侵害。

十三

企业进化的关键因素：领导

这里的领导，既指领导者和领导力，也指领导者的领导行为。显然，企业领导者是企业进化的关键。诸多事例表明，企业的成败和命运，往往取决于领导者在重大关键时刻——企业进化过程中面对外部挑战、压力以及内部问题需要做出方向性选择的时间关口——的决策。领导者之于企业进化十分重要，因此其自身的进步成长是组织进化的条件和保证。而组织进化，又会牵引、影响领导者的个人素质及领导力。

我在此提出进化型领导的概念。其领导力特质和行为特征是：第一，强烈的使命感、水滴石穿的意志和攻坚克难的勇气。转型和进化是一个长期、艰苦的过程，没有使命驱动，不可能持续取得进展。在转型和进化过程中，企业会面临无数的困难，没有意志和勇气，无法高质量地进行一次又一次的迭代。

第二,长远、宽阔、系统的战略思维。长远是从时间角度说的,意指制定战略目标及方案时尽可能将时间轴右移,企业的各项活动具有长期意义和顺序安排。宽阔是从空间角度说的,意指战略思维的变量有宽广的范围和立体的维度,战略扫描和选择的扇面有平阔的角度。需要指出的是,战略思维的宽度和企业业务选择的宽度并不必然相关;拓宽思维的宽度,往往是为了更加精准的选择;聚焦的前提是对所有可行方案的搜索和认知。系统思维是关联性、结构性思维。企业进化是多个因素、变量、环节相互关联的整体性进化,只有依据系统思维,才能把握进化的方向和过程。本文所提出的"算法",就是系统思维的产物。

第三,更"空"的认知。企业进化和成长具有不确定性,无论是方向还是路径、手段,都需解放思想,进行创新。企业领导者不能过于依赖过往的经验,不能因路径依赖导致延误转型和变革。"空"既是一种谦虚、纯真的心态,也是一种慧明、灵动的思维方式,意味着不固执、不循旧、不僵化,意味着创造力、想象力和未来进化的无限可能。

第四,平常的领导者。所谓平常,是指尊重常识和规律;理解普通人的喜怒哀乐;认知事物时,能够发现底层逻辑和深层机理,有实感和质感;平等待人,善于融入团队以及发挥非职权影响力。先做个平常人,才会有平常心。只有做个平常的领导者,才有可能激发组织所有成员的自主性,使进化在多个方向和层次自发进行。平常也意味着自然而然（明茨伯格就很崇尚"自然型领导"）。因此，平常的领导者注重培育平台、生态以及设计、构建良性的机制。和平常的领导者相对应的是英雄型领导者。

第五，扎实的科学方法和实践智慧。进化型领导知行合一，有明确的价值理念和战略方向，也有实现目标的管理和领导动作，以及可行的方法、举措。

十四

企业进化的内在约束：组织文化

组织文化是组织运行和进化的约束。换个角度看，约束就是自觉的选择。约束是方向，是底线，是保证，是基石，是奔腾大河的河床。没有正确约束的进化，会走向衰退、毁灭的不归路。借用控制论的说法，组织文化是使企业系统变得有序的序参数（order parameter），是企业组织内在的、深层次的秩序。

什么是正确的约束呢？评价的标准是从企业组织的基本功能出发，看看选择的价值理念是否有利于企业组织生存和发展。这里我提出三方面的敬畏：

一是敬畏天道。对企业来说，天道就是指顾客价值和客观规律。企业的文化约束不需要唱高调。满足顾客需求、创造顾客价值，是最基本也是最重要的约束。同时，无论环境变化还是企业自身成长，都有客观原理和普遍规律。接受客观原理、普遍规律的约束，会为企业进化铺就坚实的轨道。

二是敬畏人道。这里的人道不是指"人道主义"的人道，而是指组织中人与人关系的约定。敬畏人道就是尊重人性，尊重组织中人与人的契约，尊重组织中有关权力、责任、利益的规则。

三是敬畏良知。这是指每个组织成员（尤其是企业领导者）对个人伦理的敬畏。这些伦理是人类社会长期进化中沉淀下来、植根于每个人心中的基本价值，违背这些价值，人的社会属性就不复存在。这些基本价值包括仁爱、恻隐、善良、平等、尊重、公正等。

十五

企业进化算法的结构

企业进化算法包括 10 个变量和步骤。它们是一个具有内在联系和逻辑层次的整体。其结构如图 4-10 所示：

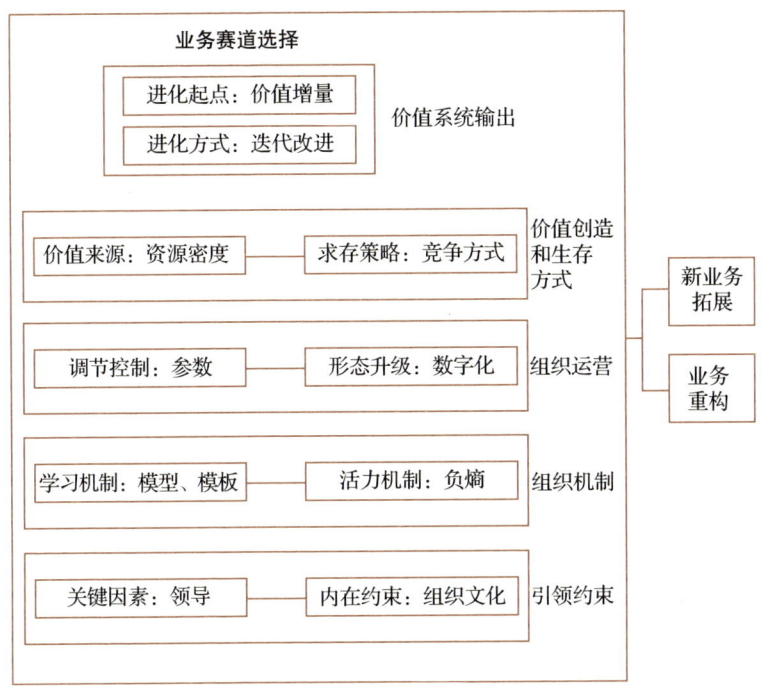

图 4-10 企业进化的长期地图

图 4-10 所示的 5 个层次的企业进化,发生在特定业务范围之内,以业务或赛道选择为前提。企业如果在现有业务之外开拓新的业务,或者在战略变革中重新定义和构造业务(塑造新业务),需要分别开启新的业务范围内的企业进化之旅。

第五章

企业领导者的自我超越

领导力模型

在影响企业成长和进化的诸多因素中,企业领导者是决定性因素。这里的企业领导者是指企业高层管理团队中具有决策权力的成员。包括企业创始人,也包括继任领导者;包括公司总部层级或集团层级的领导者,也包括其下辖独立核算业务机构(如事业群、事业部)以及分/子机构的领导者。本书语境中的企业领导者,更多的是指承担经营业绩的一把手。其外延和内涵基本和企业家相同。

企业领导者之所以被冠以"领导"之名,是因为其承担领导职责、扮演领导角色。我借用价值链格式,描绘领导的定义(见图5-1):

职责	战略/策略分析和决策	团队/组织建设	过程指挥	任务:创造业绩
依托	领导力			
基础	责权机制			

图 5-1 领导的定义

领导，作为企业组织中的一种角色，其内涵用一句话表达就是带领团队打胜仗。它以责权机制、领导力为基础和依托，以创造业绩为任务，包含战略/策略分析和决策、团队/组织建设，以及过程指挥3个主要职责。按照比较经典的说法，领导就是定战略（策略/政策），用干部，这也可以理解为领导者行使职责时的关键动作和行为。

领导的基础之一是责权机制，即企业组织为创造价值、实现目标所做的责任、权力安排。它以责任为前提，按责权对称原则配置权力，使企业组织中每个职位、角色均有明确、清晰的权限。领导者的影响力和推动力，显然来源于企业所赋予的法定权力，这是领导的必要条件。充分条件是什么呢？显然是领导力，它是领导者应该具有的一种特殊素质和能力。有的人虽然坐在领导的位置上，手中握有组织给予的领导权力，但是不能有效行使领导职责、扮演领导角色，不能完成领导任务，主要原因在于缺乏领导力。

领导力是企业领导者带领团队打胜仗的整体能力。按照通常的分析模式，我们可以对领导力进行分解，形成多维度的领导力结构。这些"结构"就是不同的领导力模型。

1. 领导力素质因子

所谓素质因子是指领导力中的关键素质因素。将素质因子结构化是领导力建模的主要方式。我提炼的领导力素质因子模型主要有三个：

其一，知行结构

"知行"是中国传统哲学中的常见概念，简单而又直抵素质/能力的底层。结合中国传统哲学中对知、行的定义，知行领导力的素质因子主要有四个（见图5-2）：

第一，"知"范畴内的道德伦理和品格因子（A）。主要有敬天爱人、公正无私、恪守诚信等。

第二，"知"范畴内的认知、思维因子（B）。主要有科学方法、系统思维、创新思维、批判性思维、第一性思维等。

第三，"知""行"叠加的因子（C）。它们既属于"知"，又属于"行"。包括追求意义的行为、秉持态度的行为、富有智慧的行为。如使命/成就驱动、目标/结果导向、实事求是、责任感、实践智慧等。

第四，"行"范畴内的行动因子（D）。主要有勇气、果断、快速、细致等。

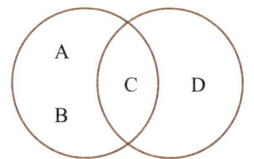

图5-2 知行领导力素质因子模型

其二，四力结构

图5-3中的四种力量，构成从内心到行动的三层结构。

驱动力解决最深层次的动机问题；认知力解决作为行为基础的操作系统和算法问题，以及判断、选择和决策问题；人际力和实践力体现在行动之中，分别解决人际互动问题和过程中如何做事的问题。

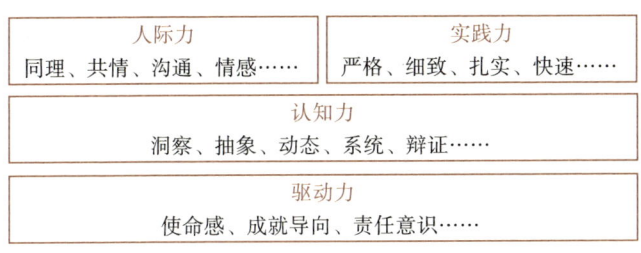

图 5-3　四力领导力素质因子模型

其三，"四有"结构

我在《企业进化：长期战略地图》一书中，根据企业长期进化的要求，提出了"进化型领导"的概念。[17] 这种领导致力于并善于构建万木生长（万木既代表业务，也代表人才）的土壤，并且推动、促使企业一直走在进化的路上（见图 5-4）。

第一，有追求。有强烈的成就动机、责任意识和进取精神。概言之，有强烈的使命感。

第二，有方向。有清晰的战略方向和战略路径规划，有长远、开阔、系统的战略思维。

第三，有力量。有把事情做成的能力，即实践智慧，包括做事的粒度、力度、精度、速度和灰度。

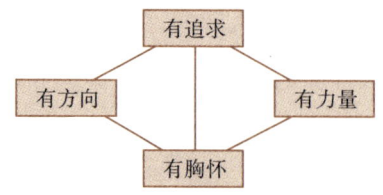

图 5-4 "四有"领导力素质因子模型

第四,有胸怀。有平常人格(即具有以下人格特征:不高高在上,不自恋自大,不做孤家寡人,尊重他人,平等待人,融入团队。总之,像平常人一样),有宽阔的心胸,能够理解人、包容人、信任人。

2. 领导力功能因素

所谓功能因素,是指对领导力作用的概括。目前,比较公认的领导力功能因素包括引领未来、成就团队、追求结果和自我超越。我曾提出过当下企业家适用的领导力功能因素模型(见图 5-5):

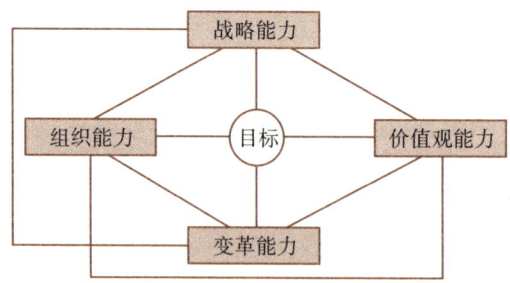

图 5-5 领导力功能因素模型

我结合我国企业的特点以及长期成长、进化对领导力的诉求，提炼出了在目前形势下领导力的四项主要功能：

第一，战略能力。包括战略思考、战略洞察和战略决策能力，以及运用战略管理工具、程序，管理从战略制定到战略执行全过程，使经营成果符合战略期望的能力。

第二，组织能力。严格地说，是把人组织起来的能力，即组织打造、组织建设的能力，包括识人用人的能力、增强组织资本（安排组织架构和机制、构建管理体系）的能力。

第三，价值观能力。包括遵循核心价值观、创造核心价值观、管理自我价值观的能力；在团队中达成价值观共识的能力；以价值观凝聚人心、鼓舞士气、形成良好组织氛围和团队精神风貌的能力；将价值观作为组织底部秩序基石的能力。

第四，变革能力。这里既包括变革的勇气，也包括发现变革需求、设计变革方向、驾驭变革过程、防范变革风险以及调整利益关系、处理新老交替的能力。

以上四项功能，从字面上看似乎平淡无奇，但实际上都与我国部分企业进化过程中存在的深刻矛盾一一对应。这些矛盾包括：

第一，当外部市场存在增量空间时，没有长远战略，企业也能生存和增长；而当市场增量红利不复存在以及竞争环境发生重大变化时，一些企业战略缺失或者战略模糊、粗糙、缺乏系统思考和整体规划的问题往往会凸显出来。

第二，部分企业长期处于机会成长阶段，未能实现向系统成长阶段的"跃迁"。相应地，企业"组织化"变革（企业成长从企业家个人驱动变为组织驱动，从外部机会驱动变为组织能力驱动）没有完成。

第三，在我国传统文化背景下，倡导君子慎独，但实际上在一些企业组织中，价值观对企业领导者的内在约束往往较弱。

第四，在当下多重周期叠加的世界百年未有之大变局中，许多企业面临战略和组织双重变革任务。而如何发起、推动、驾驭变革，不少企业领导者缺少经验、缺乏训练，在心理和能力两个维度上均没有做好准备。

3. 领导行为

领导力外部可观察到的表现，是领导行为。因此，部分具有引领性、表率性的领导行为也可以被视作领导力标准。

其一，使命型领导

图 5-6 是我在概括部分企业家领导特征时用的模型[5]，其中右下角的"使命型领导"就是当今时代所呼唤的领导标杆。我将企业领导者的目标追求分为事业和利益两种方向，将实现目标的手段（领导行为）分为依托机会和依托能力。由此形成了四种领导类型：

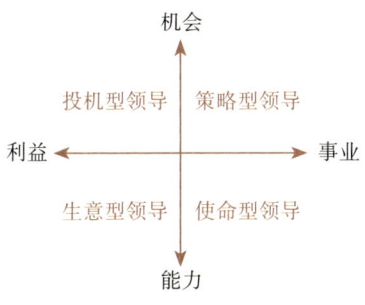

图 5-6　领导行为的双维分类

第一，投机型领导。为了利益，到处抓机会，忽视组织建设和能力提升。

第二，生意型领导。愿景和理想并不远大，亦无强烈的使命感。在商言商，追求利益，但注重业务及生意活动的专业性和长期竞争优势，注重并善于引进、使用、激励高层次人才甚至顶级人才。

第三，策略型领导。有事业追求和使命冲动，但实现目标的手段是寻找机会、利用机会、整合资源。比较典型的战略行为是业务多元化和并购。其所经营的企业通常能力较弱。

第四，使命型领导。这是符合人们期望的领导类型。追求使命，有长远眼光；在战略导向下注重组织资本增值和组织能力建设。善于发现和使用领军人才；既有共享共治的格局，也有会分权、会分钱的领导力。

在未来穿越周期、超越内卷的漫长且艰苦的征程中，企业需要使命型领导。大变局时代需要使命型领导。

其二，双维平衡型领导

我参考管理方格理论，依据和企业家接触过程中的感知，提出了双维平衡型领导模型（见图 5-7）：

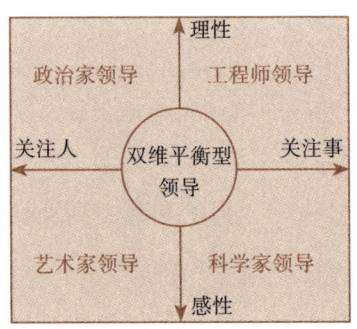

图 5-7　双维平衡型领导模型

图 5-7 中有两个维度、四个象限。其中，一个维度是领导者人格及个人风格特点，分为理性和感性，分别从原点向两边延伸，代表理性或感性的程度。理性主要表现为思维缜密、逻辑自洽、冷静客观，不受情感、情绪影响。感性主要表现为细腻、敏感、情感丰富、情绪起伏较大，感知事物时依赖直觉，富有想象力。另外一个维度是领导者个人行为倾向，分为关注事和关注人，分别从原点横向延伸。关注事是指对纯粹的事（其中人的因素较少）感兴趣，喜欢探索事理，用工程方式、项目方式处理问题、达成成果。关注人是指对人感兴趣，习惯探究人的心理和行为，善于发展人际关系，依靠对人的驾驭能力达到目的。

两个维度纵横交错，形成了领导类型的 4 个象限：

关注人—感性：艺术家领导。想象力丰富，直觉灵敏；在团队和组织中具有感染力和感召力；有创新冲动，喜欢进行颠覆性创新；想法多且常变。

关注人—理性：政治家领导。了解人、理解人，对人有客观评价，擅长选人用人。喜欢设计影响人的行为的责权利机制，善于调节组织内部利益关系。

关注事—感性：科学家领导。思路天马行空，常常具有脱离现实条件的理想主义；喜欢前沿性、基础性创新。

关注事—理性：工程师领导。严格按照原理行事，擅长统筹规划以及按计划工作；处理问题逻辑性强、步骤清晰；通常都很关注细节。

关于领导者，人们耳熟能详的说法是：既要有狮子般的勇敢，也要有狐狸般的狡猾。撇开"狮子""狐狸"这些比喻不说，上面的话反映了领导力内部元素相反相成的结构。套用"既要……又要……"的句式，领导者既要关注事，又要关注人；既要理性，又要感性。这就是双维平衡型领导。它处于图 5-7 中两个维度中心圆区的位置，中心圆区面积越大，领导力越强。

双维平衡型领导是多种领导风格、类型以及领导力特质的融合和叠加。不同的企业领导者，依据图 5-7 进行自我领导风格测量时，所形成的不会是标准的圆形，而是偏不同象限的非平衡偏态图形。

其三，领导行为图谱

我选择了 6 个最重要的领导力特质，将每个特质所呈现出的行动特征，按照反映该特质的强度，自左至右排列，形成了一个领导行为图谱模型（见图 5-8）。

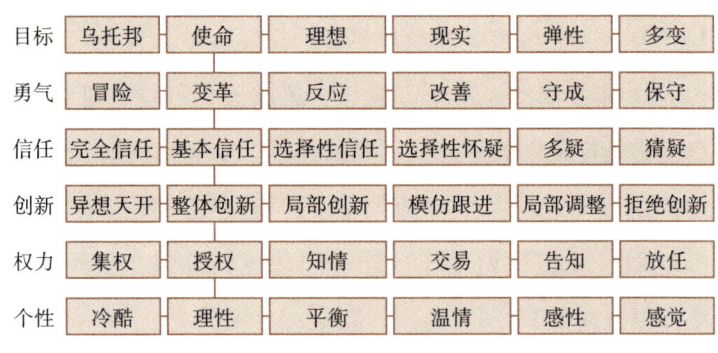

图 5-8 领导行为图谱模型

目标、勇气等 6 个维度排序不分先后。每个维度所对应的领导行为分别有 6 个从强到弱的选项（位置/台阶）。如果把 6 个维度上的选项连接起来，可以看出领导风格的差异。总的来说，连接线越靠左，领导风格越激进、越有力；越靠右，领导风格越温和、越灵活。

图 5-8 中纵向连接的选项基本上体现了合乎被领导者期望的理想领导行为组合。下面是 6 个维度领导行为图谱中各个选项的简要解释（见表 5-1）。

表 5-1 领导行为图谱解释

领导力特质	选项/位置/台阶					
	乌托邦	使命	理想	现实	弹性	多变
目标（对目标的追求）	目标超越客观条件限制，无法实现	有强烈的使命追求；愿意为崇高目标奉献	怀有理想，追求长期目标	依据现实条件，确定目标可以实现	目标存在弹性，不固守既定目标	目标因主客观因素经常变化
	冒险	变革	反应	改善	守成	保守
勇气（应对不确定性的态度）	在不确定环境下，敢于抉择，相信"大赌大赢"	面对挑战，敢于变革	当挑战出现时，会做出本能反应	能认识到问题并做出一定程度的改善	维持现有局面不变，不愿冒变革风险	不正视问题和挑战，有较强的习惯依赖和路径依赖
	完全信任	基本信任	选择性信任	选择性怀疑	多疑	猜疑
信任（处理人际关系的心理状态）	对人没有戒备；对人性有正向假设	在大部分场景下，对人信任	对部分人信任；在部分事项范围内对人信任	对部分人怀疑；在部分事项范围内对人怀疑	依据不完备信息，容易产生怀疑	在缺少有效、完备信息的情况下，无端产生怀疑
	异想天开	整体创新	局部创新	模仿跟进	局部调整	拒绝创新
创新（创造新事物的精神和行动）	突破思维的边界和现有维度，形成不符合现有规律、规则的构想	从系统角度进行结构性的创新乃至颠覆性创新	在系统机制不变的前提下，在子系统和子模块范围内进行创新	选择追随目标，模仿所学对象的创新	在系统机制不变的情况下，对子系统、子模块进行改善性调整	不接受创新理念和创新设想，固守惯视

（续）

领导力特质		选项/位置/台阶					
		集权	授权	知情	交易	告知	放任
权力 (行使权力的方式)		掌握大部分决策权及批准权；下属主要做执行性工作	在有效监控前提下，按照责权对等原则向下属授权	将大部分权力授予下属，但了解情况、知道真相	通过权力换取利益；为了取利益，可以让渡权力	向下属告知任务以及方法后全权交给下属完成，不干预过程	全面放权，不干预过程；放弃知情权
个性 (领导行为中体现出的性格特征)		冷酷	理性	平衡	温情	感性	感觉
		精于功利计算；决策不受情感、情绪影响	思维缜密，遵循逻辑；决策时不受情感、情绪影响	理性、感性平衡；决策时遵循法、理、情原则	人际交往时注重情感；决策时受情感、情绪影响	情感丰富，情绪波动较大；决策时情感、情绪起主导作用	理性程度弱，决策时跟着感觉走

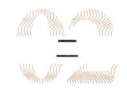

标准领导力

领导力是个复合、立体的概念。面对未来的不确定性以及内卷加剧的外部环境,企业领导者应具有多维度的多种领导力。这里我列出 27 种领导力,它们是理想化的完美状态,可以成为我们改进、提高领导力的参照标准(见表 5-2)。

表 5-2　3 个维度、27 种领导力

人格	认知	团队
·使命驱动的信念力	·高瞻远瞩的洞察力	·深厚宽阔的包容力
·处事公正的公信力	·直抵本质的穿透力	·知人善任的驾驭力
·廉洁自律的品格力	·举一反三的延伸力	·融入团队的亲和力
·敢为人先的创新力	·提纲挈领的概括力	·将心比心的共情力
·坚忍不拔的意志力	·兼听则明的辨别力	·分权授责的信任力
·临危不惧的沉静力	·明辨事理的分析力	·以法治企的规则力
·闻过则改的自省力	·与时俱进的学习力	·激情洋溢的感染力
·戒骄戒躁的谦逊力	·恰到好处的平衡力	·身先士卒的感召力
·持续改善的精进力	·果断迅捷的处置力	·增进共识的协同力

1. 人格维度:品德、个性

使命驱动的信念力

企业成长是永无止境、充满艰难和挑战的旅程。翻过了一座山,总有更高的山在前面。唯有使命,才能驱动企业领导者；唯有使命，才能持久地牵引组织、凝聚团队、集结力量。坚守使命、追求使命，会使领导者具有源于信念的力量。

处事公正的公信力

业绩、能力面前人人平等，是企业作为竞争性组织的基本准则。只要恪守这一准则，企业就有基本的公正，组织文化就不会黑化，内在秩序就不会败坏，奋斗者就会看到希望。处事公正是对领导者品德最基本也是最重要的要求之一。

廉洁自律的品格力

吏不畏吾严而畏吾廉，民不服吾能而服吾公。中国文化的传统之一，是价值观以具体的人为载体。失德者不会得到尊敬，不会有真正的影响力。如果企业领导者不能以身作则，做不到君子慎独，企业文化就会失去说服力和整合力。

敢为人先的创新力

创新是企业家精神的核心。企业进化之途漫漫，如果不能随环境而变，如果不能打破约定俗成的习惯和市场/产业规则，就不可能获取未来的生存发展机会，从而被淘汰出局。在不确定环境下，一切皆可变，先变优于后变，主动变优于被动变。

坚忍不拔的意志力

面对重重险阻，不气馁、不放弃，始终有坚定的信心、攻坚克难的勇气和坚持到底的决心与意志。这是最珍贵的组织领导力。"秀才"们难以功成，主要原因就是缺乏这种意志力。在强大意志的背后，是对胜利的渴望和对理想的追求。

临危不惧的沉静力

企业在发展的过程中，往往会遭遇重大危机，总有些危急时刻。泰山崩于前而色不变，每临大事有静气，是企业领导者应有的素质。只有这样，才能力挽狂澜、化险为夷。沉静力还表现为不受干扰，保持战略定力。

闻过则改的自省力

人非圣贤，孰能无过？即使是大型企业的高层领导，常常也会"智者千虑，必有一失"。出了错，改正就是，不要顾及面子，不要摆出一贯正确的样子。汲取教训，迭代改进，螺旋式上升，恰恰是企业领导者不断突破自我、提升领导力的正路。

戒骄戒躁的谦逊力

有敬畏之心，不狂妄自大；以谦虚谨慎、如履薄冰的态度对待工作、处理问题；遇到自己不懂的地方，多方请教，不耻下问；将坚定的职业意志和谦虚的态度结合起来。

持续改善的精进力

对于工作，高标准，严要求；作风务实，行动有力，务求效果；对核心问题和主要矛盾一抓到底。不搞形式主义，反对免责文化。遵循止于至善的理念，注重细节，追求极致，不断追求顾客价值和工作品质的增量；在动态竞争中保持和扩大优势。

2. 认知维度：分析、判断

高瞻远瞩的洞察力

站得高，才能看得远；把眼光拉长，才能认清方向；有了长远视角，才能避免投机主义。领导就是决策，重大决策依赖于辨识形势、洞察未来。世之大势，顺之者昌、逆之者亡。如果无长远见识、宽阔视野，企业能走多远可想而知。

直抵本质的穿透力

事物表面迷雾重重，需透过现象看本质。需对事物基础性的、核心的属性给出准确定义。需依据"第一性原理"探究事物的来源、最基本的原理、最底层的真理。掌握了事物的本质，在实践中就不会有太大的偏差。运用批判性思维去粗取精、去伪存真；运用思辨能力由此及彼、由表及里。

举一反三的延伸力

事物千差万别，情境千变万化。企业领导者在处理各种问题时，需从殊异中找出共性和普遍性，发现规律，构建模型，从而在更大范围内、更长时间中、更多场景里解决问题。没有这种抽象力和延伸力，知识传递、应用的效率就会低很多。

提纲挈领的概括力

带领团队前进，需要有简明、清晰、易懂的主张和意见，需要有穿透力强、精准、生动的概念。否则，团队内部难以传播，成员难以认知和理解，也就难以贯彻执行。概括力不足，有可能是因为思考力不足，没想清楚、没想透彻；有可能是因为思维发散、不聚焦，抓不住主题和主线；也有可能是因为沟通力、传播力不足，语言啰唆。

兼听则明的辨别力

以谦虚的态度听取多方面的意见，是避免掉进虚假信息陷阱，发现事情真相的唯一途径。兼听既是企业领导者获取信息的方法，也是企业领导者胸怀和品格的标志。企业领导者能听取反面意见、接受下级质疑，是企业其他组织成员的重要期待。如果企业领导者高高在上，只在小圈子里听取少数人过滤过的信息，必然造成决策失误，必然导致人心离散。

明辨事理的分析力

事理即事情的逻辑，是事物演化的算法。很多人爱读书，但不明事理。而欲明辨事理，需有正确的底部认知架构、认知前提（基本假设）和因果链条。否则，陷入自我的经验世界或先入为主的固有看法，就会越来越愚昧。

与时俱进的学习力

主要表现为心态开放，热衷于探索新事物，喜欢接触新知识；同时，带着问题学，在实践中学，并将所学的新知应用到实际工作之中。学习力是创新力的源泉。知识老化、僵化者，别说创新了，承担现有职责都会有困难。在知识社会和知识经济时代，不学习的企业领导者必定落伍。

恰到好处的平衡力

摒弃非黑即白的思维，不走极端，不求纯粹，根据实际情况对人和事情保持灰度。原则性和灵活性相结合，既要一分为二，也要合而为一；相反相成，超越矛盾；不偏不倚，防止过犹不及。在不同的情形和场景下，扮演不同的角色，采取不同的手段。有时举重若轻，有时举轻若重；既像狮子那样凶猛，又像狐狸那样灵活。

果断迅捷的处置力

当断不断，反受其乱。遇到某些复杂、棘手的问题和局面时，对所处环境的特点和问题属性做出犀利、准确的判断，不拖泥带水，快刀斩乱麻，快速决断。给处于茫然的下属及员工以信心和方向，使混乱状态迅速回归正常。

3. 团队维度：人际、情感

深厚宽阔的包容力

尊重每一个个体，尊重每一片绿叶，重视个体的差异；注重人的长处，容忍一些非原则性的短处；对员工有较高的容错度，等等，都是包容力的体现。宰相肚里能撑船。胸怀有多大，人才的体量就有多大。只有包容，才能培育生态，促进万物生长。

知人善任的驾驭力

了解人，理解人，会用人，能驾驭团队。既注重在实践中积累用人的直接经验，又注重在人文作品中学习用人的间接经验。用人时，既大胆又慎重。善出奇，敢用新人。一把手能合理分配副手的职责，发挥各人的长处，使班子形成合力。

融入团队的亲和力

不摆架子，不高高在上，不把自己搞成孤家寡人。开放自我，自觉与团队融合；接地气，与团队成员打成一片。与人交往态度亲切、和气，平等尊重，作风民主。

将心比心的共情力

善于站在对方角度思考问题，信奉"己所不欲，勿施于人"。对下属及普通员工的需求、心愿、期望有细致入微及精准的觉察，对他们的喜怒哀乐有感同身受的体察；对人性有符合实际的正确认知，处理人际关系入情入理。

分权授责的信任力

不多疑，不猜疑，不自恋。根据企业发展需要将责任分解、将权限下移。不喜好个人式的忠诚，不追求众星捧月式的感觉。在制度建设时疑人，即针对人性中的负面因素；在具体用人时不疑人，善用制度、机制进行有效监督。在领导职位的阶梯上，不断扩大信任的边界。

以法治企的规则力

不迷恋人治；自觉接受组织规则的约束，接受民主决策机制的约束，接受批评与自我批评机制的约束。自觉将观念从"企业家的企业"转变为"企业中的企业家"。

激情洋溢的感染力

具有理想主义精神；言行举止富有激情，能吸引、感染追随者；善于凝聚人心、激发斗志；善于塑造团队精神，善于营造阳光、向上的团队氛围；心态年轻，有朝气、有热情、有活力，能够跨代合作。

身先士卒的感召力

遇到困难走在前面；遇到问题深入一线；遇到麻烦主动处理；遇到责任挺身而出。反之，在团队及组织中，领导者就不会有威信，就不会有领导力层面的正当性，也就不能有效行使权力。

增进共识的协同力

企业组织由众多的个体组成，欲提高组织的协同力，需提高文化的一致性。企业领导者需按照求同存异的原则，提炼企业的核心价值观，运用多种手段使之深入人心并转化为组织成员的行为和习惯；同时，为员工提供积极、进取、尊重、透明、阳光、公正的文化环境。

三

企业领导者的关键领导力：识人

企业领导者（尤其是企业创始人或实际控制人）不需要什么都懂，甚至技术、营销、供应链以及运营管理等都不精通也没有关系。企业领导者唯一要懂的，就是如何当领导者。

1. 企业领导者的角色

如果把企业比作一个戏班子，企业领导者是搭台子（建平台）的，不是唱戏的，不必跟演员比演技、比唱功。企业创办初期，创始人可能需要兼任多种角色，但企业发展到一定规模和阶段，创始人就要脱出身来，专门当领导。有的创始人创业时就请名角或潜在名角来唱戏，事业成功的概率比自己出演大多了。

企业领导者的核心使命在于成就他人，让组织里的人有前途。企业领导者通过成就别人来成就自己。因此，企业领导者千万不能迷恋自己、嫉妒下属。谁的戏唱得好，就给他分钱、分权、分"感觉"（荣誉、影响力，俗称面子）。

企业领导者的主要职责是决策和用人（这里的决策针对事，不包括用人方面的决定）。企业领导者的主要能力是洞察（战略思维）和识人。极端点说，企业领导者连洞察力也不需要（因为可以请有洞察力的人），只需要弄明白谁是真正的洞察者、谁的洞察可能更准确就行。因此，企业领导者最重要的责任和能力就是识人和用人，即知人善任。而用人的前提是识人。识人识准了，通常情况下用人就不会出大问题。

2. 人的评价标准

识人需要建立多维度的标准和参数。没有这些标准，我们常常会在识人时无从下手。傅雷先生在给儿子的信中，建议儿子找恋爱对象时，不要看重漂亮，也不要看重知识，而是要关注本质的纯良。企业领导者要注重的，是工作对人的品德、个性、素质的要求，在管理学中叫胜任力模型。有了这个工具，识人就有了聚焦的方向，也有了评判标准。

人的素质主要体现在知和行两个要素上。知乃认知，其衡量的标准是认知密度，即想的深度、想的准度、想的透彻程度。行乃行为，其衡量标准是行动密度，即动作做得有多细、有多实、有多快。知中有行，行中有知，两个密度用一个词来形容即实践智慧。

看人时，主要看其责任担当和价值贡献。不要过多地关注情商、沟通能力等，避免出现只"做人"、不做事的庸俗作风。有些理念，如"做人先于做事"，看上去似乎有道理，但如果运用到实践中，很可能似是而非。

3. 识人的基本方法

识人是个技术含量极高的专业活儿，需长期历练、不懈努力、艰苦学习才能掌握。识人并不需要高智商，甚至不需要高情商。我认识的某些老板，见人羞涩，不善言语，沟通时没有话说，但这并不影响他们对人的判断。只要掌握了识人方法，识人的能力就会快速提升。

识人有两种基本方法。一是直接法。在长期对人的观察中，积累经验，形成专有知识（know how）。对于认知对象，凭已有信息和印象，可以先形成观点（实际上是假说），一段时间之后，用新的事实验证观点是否准确。如果事实和观点存在偏差，则反思原因，校正原有观点，形成新的假说。这样不断迭代，识人能力会递进式提升。这实际上是科学的方法。

二是间接法。无论多大的老板，直接接触、认识的人毕竟有限，直接经验有可能存在边界和盲区。这种情形下，就需要借鉴间接经验。间接经验来自阅读（广义的包括听书、看戏、看电影等）。历史书籍及文学作品中，有些人物属于典型环境中的典型人物，在具象中有了抽象的象征意味。《红楼梦》中的林黛玉、薛宝钗、史湘云等，《水浒传》中的林冲、武松、宋江等，都是具有普遍意义的类型化（非概念化）人物。当我们理解了这些人物，就可以将他们作为镜子，照出许多人与"类型"之间的异同来，从而又快（高效率）又准地知人、识人。

4. 识人的组织机制

识人，并不意味着把自己弄成伯乐。识人者不能过于相信自己的能力，要相信机制的作用和力量。在实战中识人，通过赛马机制识人，依赖穿透式的数据和事实识人，才是最可靠的。

识人不仅仅是企业领导者的个人行为，也不仅仅是少数人封闭式的活动，而是一种组织职能。企业领导者识人时要利用专业职能，将专业性的评价意见作为自己判断的依据。识人时需提高开放性和参与度，多听听众人的意见，以流程这样的组织机制保证识人质量。

需要特别指出的是，要通过透明、客观的评价机制，辨别、发现不善表达、默默做事的人。他们在团队中往往处于不利位置。对他们的忽视和非公正评价，是组织熵增甚至黑化的主要原因之一。

5. 识人和用人

识人时须将识人和用人结合起来，识的同时考虑如何用。需注意分辨认知对象（人）的关键长处和短处。用人时确定对人的短处的底线要求，同时注重发挥人的长处。

一个优秀的企业领导者通常会做到识人准、用人狠。所谓"狠"是指敢于用人，尤其是敢于用年轻人，敢于在用人上试错（不行就调整），敢于更换不符合职位、角色要求的人。有的时候，用人狠了，反而会识人更准了。因为用人，意味着把被使用者放到完成职责、创造业绩的特殊场景之中，其品德、个性、能力特点会在场景中彰显。也就是说，有些无法辨识的素质，会在工作场景以及完成目标的过程中显现出来。用人狠的次数多了，"人感"自然就增长了。

6. 识人和人格

识人的能力和识人者的一些人格元素（品德、个性、心智等）相关。列举如下：

——**识人需要理解人性。**人性有普遍规律，也就是基本模型。比如动机模型、需求层次模型、张力模型、灰度模型等。理解、掌握了这些模型之后，再结合具体情境、场景下的人性呈现，就能把握认知对象（具体的人）的基本特征。进而言之，对人性的理解，决定了对人的基本假设，从而会影响组织文化的选择、设定以及激励等管理机制的设计。

——**识人需有正直的品格。**私欲重者，不能理解无私者的境界，不能辨别真正的忠诚，会给逢迎者、"马屁精"较高的评价。不行大道、擅长权谋者，难以理解真正的大局意识和战略智慧。

——**识人需有长期意识。**对一些关键岗位的人选，要长期观察、反复论证。不能凭一时感觉，不能凭少数事情就对人下结论。识人时也不能有投机思维，不能有不切实际的期望，否则容易下与真相不符的主观结论。

——**识人需有平常人格和谦虚心态。**只有这样，才会平等待人，才会融入团队，才会听到真话。有了这样的品格和胸怀，企业领导者才会有同理心和共情力。这些与真正的识人都有莫大关联。高高在上、自恋自负、刚愎自用、刻薄寡恩、唯我独尊的企业领导者不可能识别忠直、智慧、能干之人。

——识人需要理性和感性的平衡。没有感性，识人时无法感受对方的气质和气息，无法产生共鸣和惺惺相惜的欣赏。没有理性，识人时难以做到客观、冷静，容易被泡沫化、形式化的虚假信息所遮蔽甚至蒙骗。既要理性，又要感性；有时理性，有时感性；必要时情理兼容。

——识人需有生态思维。尊重、包容不同个性和特点的人，构建良将如潮、人才生生不息的机制，涵育万木生长的土壤。切不可大树底下不长草。只有这样，企业领导者才能有人才可识、有人才可用。否则，识人就变成了一句空话。

企业领导者的五重超越

企业领导者的成长过程，是不断超越自我的过程。反求诸己、修炼内心是自我超越的基本途径。企业领导者依据企业发展的要求和员工的期待，不断突破影响个人和组织成长的内在制约（人性暗处和认知盲区），既艰难又富有乐趣。自我超越并不意味着紧张兮兮，更不意味着亢奋、焦虑，而是需在工作实践过程中顺其自然、点点滴滴、不知不觉地进行。

超越即改变,而当变即变是大智慧的体现。这里,我提出 5 个方面的超越。

1. 超越本能

人类基因不仅有生物属性,而且带有人类和环境长期互动的文化印记。所谓本能,是每个人的基因所赋予的心理和行为特征。其中,既有正面的因素,也有负面甚至幽暗的因素。就负面因素而言,最常见的是虚荣、嫉妒、懒惰、自我等。很多人认为,趋利避害是人的本能。但只要趋利避害,就会有不同程度的投机主义和自私。而做企业、领导团队,往往需要克服、抑制人性中的负面因素。欲做大企业,要用比自己强的高人、能人,嫉妒之心就不能有;欲长期发展,就得消解种种投机行为;为了实现力出一孔,就要破除自私,舍得分享;要想决策正确,需要克服狭隘,以开放、谦虚的态度听取他人意见。企业家成长的过程,领导力提高的过程,往往就是和人性中的负面因素搏斗的过程。正因为如此,有学者认为,企业家这一职业是"反人性"的。

2. 超越习惯

每个企业家在长期实践过程中,在自身性格和所处环境作用和影响下,往往会形成各种习惯。有的企业家习惯于亲力亲为,而有的企业家习惯于当甩手掌柜;有的企业家开会、讨论时总是滔滔不绝，而有的企业家常常不表态、玩深沉；有的企业家喜欢关在办公室里听汇报、看材料，而有的企业家则在房间里待不住，总是出去巡视。这些习惯无所谓好坏，但是可能不适合企业成长的某一阶段以及企业运行的某些场景。例如，企业很小时，企业家亲力亲为可能效果最好，但企业大了，用人、分权是唯一的选择。企业家需时常审视自己的习惯，一旦发现有些习惯不适合外部客户、内部员工的期待，不适合企业发展的时间、空间特性，就要做出改变。江山易改，本性难移。习惯也难变。但再难变也得变，因为江山（事业）为重啊！任何企业领导者都有路径依赖，都有习惯拖累。因此，破执，就显得尤为重要。而改变可以从一些细小的行为开始：多听别人讲话，自己少讲话；多到一线走动，少开会议；多赋能，少审批。

3. 超越经验

每个企业家都有丰富的经验积累。它们包含过往应对种种困难、解决诸多问题的智慧和方法。不积累、传承和利用经验，无疑会影响企业进化的效果和效率。但是，面向未来，迷信经验是有风险的。因为有些经验对于全新的事物是不合适的。记得小时候在农村，农民种棉花都是播种——这是多年的经验，后来引进了先进的种植法：先把种子埋在营养钵里，待长出健壮的幼苗后再移植到大田里。这种方法，农民靠经验是很难想到的。对企业家来说，既要重视经验，又要从经验中走出来，不断探索新的方法和路径。

4. 超越认知

企业家长期在外部文化、信息和知识环境的影响下，会形成多种固化的认知（理念和思维方式）。它们有的涉及价值理念，有的涉及事实判断。随着时代发展，有些认知需要重新审视和迭代。用哲学语言说，即转换、提升自身的理性（形成概念、判断、推理的思想活动和能力）。对于一些价值理念，需以更高的标准加以判断；对于一些分析范式，需从更高的维度以及不同的角度进行转换；对于一些假设和推理前提，需从更宽阔的角度重新验证；对于一些因果关系，需深入思考是否成立。很多企业家热爱学习，但脑子里装了太多先入为主、未必正确的东西。欲动态地提升认知、打破"迷魂"，需注意三点：第一，导入、运用批判性思维，以防认知的僵化和固化；第二，参与更广阔的实践，在丰富鲜活的实践中汲取真实可靠的营养（如常识）；第三，学习"空"的思维方法，明心见性，自由无碍，从而获得更高层次的智慧。

5. 超越生命周期

这是说给年纪较大的第一代企业创始人听的。创业者永远是年轻的。有些企业创始人年龄并不大（60来岁），身体还很好，不要着急退休。不能欲退不退，似退非退，使下属无所适从。更不能用退休试探下属（包括自己的亲属）。不要考验人性。身体好就接着干，但要逐步改变干的方式方法。要分权授责，不要沉迷于具体事务；要建立风险管控机制，这样就不必在信任问题上纠结；敢于分钱，善于分享，用利益机制换取简单的领导方式；避免用个人感觉、情绪判断下属是否忠诚，而要从更高维度，从对企业真正有价值贡献的角度把握忠与非忠。可以逐渐离开一线，管管企业文化、战略、体制（机制）、人才培养、重要人才使用等。和下属的责权边界要清楚，不要让自己总是处于可进可退、想进就进、想退就退的状态。要以较长时间周期制订接班计划，这并不是说要很早就指定接班人，而是要培养接班群体。自己的子女能接班（有意愿接，有能力接）则接班，不能接也别有什么遗憾，把重担交给长期合作、信得过的学生兵就是了。企业创始人随着年龄的增长，不自负、不糊涂、不恋权、不多疑，而是变得更开放、更谦虚、更坦诚、更大气，则是企业之幸。

EPILOGUE ▶ 后记

　　近年来，借助正和岛企业成长领航塾、领教工坊企业家私董会、深圳卓越汇企业家创新学院、华夏基石管理咨询集团企业高层训练班、中国人民大学商学院高管教育中心数字化与产业创新特训营等平台，我接触了来自各个行业的数百名企业创始人和企业领导者，对于他们因环境发生变化而产生的疑惑和焦虑有较真切的感知和体会。我的工作属性和责任意识驱使自己在较短时间内完成了本书，作为对企业家朋友所关切的重要问题的回应和解答。本书中大量地使用了第一人称"我们"，表明与企业家读者融为一体的立场和态度。

　　感谢上面提到的几个平台，为我提供了接触企业家以及讲解自己思考成果的机会。感谢身边从事管理学研究的教授朋友们（恕不一一列名）的指点和帮助。感谢华夏基石e洞察微信公众号，本人的一些新观点大多数在这个平台上发表。感谢平时和我交往较多的一些年轻管理专家，他们的新理念、新知识给了我很大启发。感谢机械工业出版社华章分社，我的几本比较重要的作品都是在这里出版的。

　　感谢博士研究生导师陈荣秋教授和硕士研究生导师孙光德教

授的长期关心和教诲。感谢父母和家人的支持。

我所有的书稿都是手写的,很多字迹不易辨认。感谢助理王亚红博士对文稿的录入、编辑工作。她的专业能力使我大大提高了工作效率。

最后声明一点:本书所有的文字都是我亲笔所写,内容均为原创。少数演讲稿在整理之后,一字一句地做修改和补充。有的朋友建议可以利用 AI 大模型写书,我还没有掌握这种技能。

本书付梓之际,我又开始了新书的写作。活到老,学到老,写到老,是我自己的座右铭。再次感谢读者朋友!

施炜

2025 年 5 月 8 日

REFERENCES 参考文献

[1] 牟宗三. 中国哲学十九讲 [M]. 贵阳：贵州人民出版社，2020.

[2] 施炜. 管理架构师：如何构建企业管理体系 [M]. 北京：中国人民大学出版社，2019.

[3] 德鲁克. 为成果而管理 [M]. 刘雪慰，徐孝民，译. 北京：机械工业出版社，2024.

[4] 威廉姆森，温特. 企业的性质：起源，演变和发展 [M]. 姚海鑫，邢源源，译. 北京：商务印书馆，2017.

[5] 施炜. 重生：中国企业的战略转型 [M]. 北京：东方出版社，2016.

[6] 施炜，苗兆光. 企业成长导航 [M]. 北京：机械工业出版社，2019.

[7] 奥斯特瓦德，皮尼厄. 商业模式新生代 [M]. 黄涛，郁婧，译. 北京：机械工业出版社，2016.

[8] 钱德勒. 规模与范围：工业资本主义的原动力 [M]. 张逸人，等译. 北京：华夏出版社，2006.

[9] 王建国. 1P 理论：第三方买单的商业模式与模式营销 升级版 [M]. 北京：北京大学出版社，2016.

[10] 克里斯坦森. 创新者的窘境 [M]. 胡建桥，译. 北京：中信出版集团，2021.

[11] 科特勒，德里亚斯迪贝斯. 水平营销：突破性创意的探寻法 [M]. 科特勒咨询集团（中国），译. 北京：机械工业出版社，2019.

[12] 艾萨克森. 史蒂夫·乔布斯传（修订版）[M]. 北京：中信出版社，2014.

[13] 卢克斯，斯旺，格里芬．设计思维：PDMA 新产品开发精髓及实践 [M]．马新馨，译．北京：电子工业出版社，2018．

[14] 梅菲尔德．复杂的引擎 [M]．唐璐，译．长沙：湖南科学技术出版社，2018．

[15] 阿瑟．复杂经济学：经济思想的新框架 [M]．贾拥民，译．杭州：浙江人民出版社，2018．

[16] 明茨伯格．管理至简：以实践为根基实现简单、自然、有效的管理 [M]．冯云霞，范锐，译．北京：机械工业出版社，2014．

[17] 施炜．企业进化：长期战略地图 [M]．北京：机械工业出版社，2020．